D1746289

SAMMLUNG LERCHBAUMER

KÄRNTEN
IN ALTEN KARTEN
SAMMLUNG LERCHBAUMER

Amalthea Verlag

Besuchen Sie uns im Internet unter: amalthea.at

© 2020 by Amalthea Signum Verlag, Wien
Alle Rechte vorbehalten

Herausgeber: Gerhard Lerchbaumer
Katalog: Vladimir Drazic
Wissenschaftliche Beratung: Jan Mokre
Umschlaggestaltung: Franckh-Kosmos Verlags-GmbH, Stuttgart
Umschlagabbildung: Gerard de Jode, Karte von Steiermark und Kärnten, 1593
Herstellung und Satz: VerlagsService Dietmar Schmitz GmbH, Kirchheim-Heimstetten
Druck und Bindung: Buch Theiss GmbH, St. Stefan im Lavanttal
Printed in Austria
ISBN 978-3-99050-191-7

Von Claudius Ptolemäus über Meisterleistungen der österreichischen Regionalkartographie zu Kuriositäten – diese umfangreiche und wertvolle Sammlung spiegelt die Geschichte der gedruckten Karten Kärntens und der angrenzenden Regionen von den Anfängen im späten 15. bis zur Mitte des 19. Jahrhunderts wider.

Alle 116 Landkarten stammen – bis auf wenige Ausnahmen, wie die Karte von Israel Holzwurm – aus Atlanten oder kleineren geographischen Werken, die ab dem 15. Jahrhundert in Italien, Deutschland, den Niederlanden, Belgien, Frankreich, England und Österreich veröffentlicht wurden. Sie sind hier in neun Kapiteln nach ihren Schöpfern oder nach Schwerpunkten geordnet, meistens in chronologischer Reihenfolge. Einzelne Beispiele, die außerhalb dieses Schemas stehen, wurden in einem verwandten Kapitel untergebracht.

Die meisten Karten sind mit einer Auswahl an kurzen bibliographischen Angaben versehen, die in erster Linie Kärntner bzw. österreichische Quellen sowie die wichtigsten Fachbibliographien einzelner Kartographen berücksichtigen. Die vollständigen Titel der Bibliographien sind im Literaturverzeichnis am Ende des Buches zu finden.

Der Herausgeber dankt allen Buch- und Kunst-Antiquaren, die mit ihrem Wissen immer zur Verfügung gestanden sind und auch als Freunde über viele Jahre mitgeholfen haben, diese Sammlung aufzubauen.

Inhalt

Jan Mokre
Die Sammlung Lerchbaumer: außergewöhnliche,
gewöhnliche und ungewöhnliche kartographische Objekte — 9

Wilhelm Deuer
Kärnten – Raum und Gesellschaft aus dem Blickwinkel der Kartographie — 13

Aus den Ptolemäus-Atlanten des 15. und 16. Jahrhunderts — 17

Abraham Ortelius, „Theatrum Orbis Terrarum" — 37

Gerard de Jode, „Speculum Orbis Terrarum" — 51

Gerard Mercator, Jodocus Hondius, Joannes Janssonius, Willem Blaeu — 61

Die kleinformatigen Atlanten um 1600 — 79

Israel Holzwurm (Mit der Originalausgabe von 1612) — 97

Nicolas Sanson und seine Nachfolger — 113

Johann Baptist Homann, Matthäus Seutter, Tobias Conrad Lotter — 145

Österreichische Atlanten um 1800 — 165

Index der Kartographen und Herausgeber — 187

Literaturverzeichnis — 190

Die Autoren der Beiträge — 192

Jan Mokre

Die Sammlung Lerchbaumer: außergewöhnliche, gewöhnliche und ungewöhnliche kartographische Objekte

Landkarten als graphische Repräsentation geographischer Phänomene sind Ausdrucksformen und Werkzeuge abstrakten Denkens, die es ermöglichen, räumlich definierte Strukturen darzustellen und nachvollziehbar zu machen. Die wohl bedeutendsten Repräsentanten des interdisziplinär ausgerichteten Faches Kartographiegeschichte, Brian Harley und David Woodward, definierten eine Karte – weit gefasst – als „eine bildliche Darstellung, die das Verständnis von Gegenständen, Begriffen, Sachverhalten, Prozessen und Ereignissen in der menschlichen Welt erleichtert". Eine engere, stärker technisch ausgerichtete Definition bezeichnet Karten unter anderem als „in die Ebene projizierte, maßstäblich verkleinerte, generalisierte und erläuternde Abbildungen der Erdoberfläche oder eines Teiles von ihr …".

Unabhängig davon, wie man kartographische Darstellungen enzyklopädisch charakterisiert, sind diese als visuelle und historische Dokumente beliebte Sammelobjekte und finden sich in institutionellen Kollektionen ebenso wie in Privatsammlungen. Die meisten individuellen Sammler fokussieren sich dabei auf ein bestimmtes Thema – oft ist dies ein geographisches Gebiet, zu dem sie eine spezielle Beziehung haben. Gerhard Lerchbaumer entschied sich für einen kleinen Ausschnitt der Erdoberfläche, für Kärnten.

Aber was ist nun eine Kärnten-Karte? Aus heutiger Sicht wäre die Frage leicht zu beantworten: eine Inselkarte des gleichnamigen österreichischen Bundeslandes. Doch in der Vergangenheit waren sowohl die Ausdehnung als auch der Begriff nicht so eindeutig definiert. Die Region gehörte im Laufe der Geschichte zu unterschiedlichen größeren territorialen Zusammenhängen und wurde daher kartographisch oft auch gemeinsam mit den benachbarten Gebieten wiedergegeben. Auf gedruckten Europa-Karten des späten 15. und frühen 16. Jahrhunderts zum Beispiel, wurde die unter anderem das heutige Kärnten umfassende Region mit dem antiken Begriff „Noricum" gekennzeichnet (Kat.-Nr. 1–9). Diese kartographischen Darstellungen bezogen sich auf die „Geographia" des griechischen Naturwissenschaftlers und Philosophen Claudius Ptolemäus aus dem zweiten Jahrhundert. Die erste gedruckte Karte, die das 976 gegründete Herzogtum Kärnten selbständig wiedergab, stammt aus dem Jahr 1561. Der führende Wiener Humanist Wolfgang Lazius schuf eine Art ersten Regionalatlas Österreichs. Das Blatt „Carinthiae Ducatus cum palatinatu Goricia" bildete die Vorlage für Karten-Epigonen in den Atlanten des Abraham Ortelius (1574, Kat.-Nr. 10), Gerard de Jode (1578, Kat.-Nr. 16) und Gerard Mercator (1595 posthum veröffentlicht, Kat.-Nr. 20), welche aufgrund ihres Publikationszusammenhanges wesentlich weitere Verbreitung fanden, als es dem Original vergönnt war. Von nun an war Kärnten in den geographischen Wissensspeichern aller bedeutenden Atlashersteller und -verleger vertreten, wurde dort jedoch im Gegensatz zur Lazius-Karte aus kirchen- und machtpolitischen Gründen im Zusammenhang mit benachbarten Regionen abgebildet – vor allem mit kartographischen Darstellungen des Erzstiftes Salzburg.

Der das graphische Medium Landkarte bestimmende Inhalt ist vor allem topographischer Natur, doch ist das nicht der einzige Aspekt. Man kann auf den alten (und auch auf den modernen) Karten wesentlich mehr entdecken als die Lagebeziehungen von Orten zueinander. Seit ihrer Entstehung enthalten Landkarten neben topographischen Daten auch Informationen über Siedlungsgebiete sowie Siedlungsformen, Landwirtschaft, Gewerbe und Industrie, Lage, Abbau und Verwertung von Bodenschätzen, Verkehrs- und Kommunikationsverbindungen, historische Gegebenheiten, politische Verhältnisse, die Verwaltung und die administrative Einteilung eines Landes und deren Verwaltungszentren, das Militär – hervorgehoben seien hier das Festungswesen, die Grenzsicherung, Kriegszüge und Schlachten, die religiösen Verhältnisse, die Kirchengeschichte und vieles andere mehr.

Die Sammlung Lerchbaumer spiegelt die Entwicklung der kartographischen Darstellungen Kärntens in den jeweiligen historischen Dimensionen anhand veröffentlichter, also in Serie produzierter, Karten bis in die Mitte des 19. Jahrhunderts, als das heutige Kärnten einen Teil des Königreichs Illyrien bildete, wider. Sie beinhaltet Objekte, die mittels Holzschnitt (vom Ende des 15. bis zur Mitte des 16. Jahrhunderts) und Kupferstich (vom Ende des 15. bis zur Mitte des 19. Jahrhunderts) reproduziert wurden. Diese Verfahren ermöglichen den Druck von Linien auf Papier; bis auf ganz wenige Ausnahmen (die sich als nicht wirtschaftlich herausstellten) existieren in der Kartographie bis zur Einführung des lithographischen Flächenfarbdrucks ausschließlich Schwarzweiß-Drucke, die bei Bedarf von Hand koloriert wurden. Dabei wurden entweder Flächen territorialer Einheiten oder deren Grenzen farblich hervorgehoben beziehungsweise differenziert.

Am Beispiel der Lazius-Karte wurde bereits angedeutet, dass eine kartographische Arbeit die Vorlage mehrerer Epigonen darstellen kann. Dies gilt umso mehr für Verlagsprodukte. Als kommerzielle Unternehmen bemühten sich kartographische Firmen, ihre Landkarten in mehreren Auflagen und unterschiedlichen Sprachversionen zu veröffentlichen, um möglichst viele Käufer zu erreichen. Auch dieses Phänomen ist anhand der Objekte der Sammlung Lerchbaumer – zum Beispiel jener des Abraham Ortelius – nachvollziehbar (Kat.-Nr. 10–15).

Einen besonderen Reiz hat das Identifizieren und Sammeln von Kartendrucken, die auf den ersten Blick sehr ähnlich sind, sich im Detail jedoch unterscheiden. Ausgehend von der *editio princeps* (im Sinne der frühesten Veröffentlichung) sind vor allem folgende Aspekte wesentlich: Bedeutende Veränderungen der eigentlichen kartographischen Darstellung, des Kartentitels sowie der dekorativen Elemente des Kartenbildes führen zu einer neuen Auflage beziehungsweise Ausgabe einer Karte. Unwesentliche, jedoch willentliche Modifikationen des Kartenbildes führen zu einem neuen Zustand einer Karte. Es kann also mehrere Auflagen beziehungsweise Ausgaben einer Karte geben und darüber hinaus mehrere Zustände einer (oder mehrerer) Auflage(n) beziehungsweise Ausgabe(n).

Manche Sammlerinnen und manche Sammler verfolgen das Ziel, alle Auflagen beziehungsweise Ausgaben und alle davon abgeleiteten Zustände zu besitzen. Gerhard Lerchbaumer verfolgt dieses Ziel nicht; dennoch hat er von einzelnen, ihm wichtigen Karten mehrere Ausgaben erworben und in diesem Buch auch dokumentiert. Dies trifft vor allem auf die Europa-Karten aus den gedruckten Editionen der „Geographia" des Claudius Ptolemäus (Kat.-Nr. 1–9), auf die Doppelkarte „Stiraemarchiae ducatus …/Carinthiae ducatus …" des Gerard de Jode aus dem Atlas „Speculum Orbis Terrarum" (Kat.-Nr. 16) und auch auf die Karte „Saltzburg Archiepiscopatus cum Ducatu Carinthiae", basierend auf Gerard Mercator, zu (Kat.-Nr. 20).

Die Sammlung Lerchbaumer enthält außergewöhnliche, gewöhnliche und ungewöhnliche kartographische Objekte. Fast alle Kärnten betreffenden Karten aus den gedruckten Ptolemäus-Ausgaben des späten 15. und frühen 16. Jahrhunderts sind vorhanden (Kat.-Nr. 1–9), andere, über den Antiquitätenhandel nur selten erwerbbare Holzschnitt-Karten aus dem 16. Jahrhundert, auf denen unter anderem Teile Kärntens dargestellt sind, fehlen (noch). Auch die berühmte und äußerst rare Lazius-Karte aus dem Jahr 1561 ist nur durch spätere Varianten vertreten. Doch ab dieser Periode repräsentiert die Sammlung Lerchbaumer die Entwicklung des gedruckten Kartenbildes Kärntens bis zur Mitte des 19. Jahrhunderts fast vollständig – und wenn nicht in den jeweiligen Erstausgaben, dann doch zumindest in den zweiten und dritten Auflagen.

Eine derart umfangreiche Sammlung dokumentiert auch, in welchen unterschiedlichen Zusammenhängen Karten einer Region (wie Kärnten) gedruckt und veröffentlicht, das heißt verbreitet, wurden: in französischen, italienischen und niederländischen Atlanten, als Illustrationen in Büchern und sogar als Spielkarten. Einige dieser kartographischen Darstellungen sind von herausragender Bedeutung – einerseits wegen ihrer Seltenheit und, damit verbunden, ihres Wertes, andererseits aber auch, weil bestimmte Objekte maßgeblichen Einfluss auf später angefertigte Karten ausgeübt haben. Nicht alle neuen Karten brachten wirklich Neues und es ist das Maß dessen, was die Kartographen (oder Verleger) in das Kartenbild eingebracht haben, dafür ausschlaggebend, ob und in welchem Umfang ihnen eine kartographische Leistung zugesprochen werden kann. Manche der kartographischen Objekte sind aber auch „nur" besonders dekorativ und erschienen aus diesem Grund sammelwürdig. Die über die Darstellung topographischer Gegebenheiten hinausgehende graphische Gestaltung der Karten war sehr wichtig für den von ihren Schöpfern beziehungsweise Herstellern und Verlegern angestrebten kommerziellen Erfolg. Und gedruckte Karten waren und sind nun einmal in der Regel kommerzielle Produkte, die möglichst gewinnbringend verkauft werden sollten und sollen. Daher darf der – durchaus auch Moden unterliegende – Einfluss des Kartenschmucks nicht unterschätzt werden. Aufwändige dekorative Elemente verteuerten übrigens die Herstellung von Karten erheblich.

Als Rarissimum, aber auch als inhaltlich außergewöhnliches Objekt der Sammlung Lerchbaumer ist vor allem die erste Ausgabe der „Archiducatus Carinthiae fertilissimi …" von Israel Holzwurm hervorzuheben (Kat.-Nr. 46). Diese 1612 in Straßburg gedruckte Kupferstichkarte ist nur noch in zwei Exemplaren erhalten. Sie stellt eine Meisterleistung der österreichischen Regionalkartographie dar und enthält nicht nur zahlreiche Informationen in Bezug auf die Topographie, Orographie und Hydrographie, zur Siedlungsgeographie sowie zu den historischen geographischen Benennungen, sondern auch zu ökonomischen Aspekten des Landes.

Als ungewöhnliche Objekte gelten aus Sicht eines Kartographiehistorikers die Spielkarten mit kartographischen Darstellungen. Sie sind zwar keine wissenschaftlichen Objekte und werden oft als kartographische Kuriositäten bezeichnet, doch sie dokumentieren eine im späten 17. Jahrhundert einsetzende Entwicklung einer neuen Pädagogik: als wichtig erachtete Bildungsinhalte aus Geographie, Geschichte und Naturwissenschaften sollten nicht nur über das Lesen von Büchern, sondern auch spielerisch vermittelt werden (Kat.-Nr. 45, 76, 77).

Es gibt Sammler, die eine bereits bestehende Sammlung vollständig kaufen, sich an dieser erfreuen und sie eventuell weiterführen. Es gibt auch Sammler, die sich ihre Kollektion von Spezialisten aufbauen, erweitern und betreuen lassen, beziehungsweise Experten zur Unterstützung hinzuziehen. Und es gibt Persönlichkeiten wie Gerhard Lerchbaumer, die über viele Jahre konsequent sammeln und sich während dieses von Leidenschaft, Ausdauer und finanziellem Einsatz geprägten Prozesses die notwendigen Kenntnisse über die geliebten und begehrten Objekte und über das entsprechende Umfeld aneignen. Eine solche Sammlung ist eine sehr individuelle Ausdrucksform, und der Sammler, der diese der Öffentlichkeit vorstellt, exponiert sich – sowohl mit dem Konzept seiner Sammlung als auch mit den von ihm gesammelten Objekten. Die Auswahl, ob eine Karte, die das Gebiet Kärntens wiedergibt, sammelwürdig ist und ob alle diese Karten als Abbildungen in dieses Buch aufgenommen werden, trifft der Sammler in eigener Verantwortung. Im Fall der Sammlung Lerchbaumer heißt das: Die Karten aus den gedruckten Ptolemäus-Ausgaben des späten 15. und des frühen 16. Jahrhunderts (Kat.-Nr. 1–9) stellen älteste Belege für die kartographische Darstellung der Region dar, sie wurden und werden als solche gesammelt. In dieser Zeit gab es keine Karten größeren Maßstabs, welche das Gebiet detaillierter wiedergeben. Aus einer späteren Periode, nachdem sich Regionalkarten etabliert hatten, die Kärnten teilweise oder gesamt abbildeten, wurden vom Sammler vorrangig diese erworben, und nicht alle Europa-, Mitteleuropa- und Südosteuropakarten, die das Gebiet natürlich ebenfalls umfassen. Und auch über Ausnahmen von seinem Konzept – wenn bestimmte Objekte vordergründig nicht in dem ursprünglichen Plan entsprachen, vom sachkundigen Sammler jedoch als sammelwürdig und daher als notwendige Ausnahmen erachtet wurden – entscheidet er in eigener Verantwortung. Jede personenbezogene Sammlung ist ein Ausdruck spezifischer Sammelmotivation.

Während die überwiegende Zahl der individuell zusammengestellten Sammlungen im Verborgenen aufbewahrt wird, tritt Gerhard Lerchbaumer mit diesem Buch an die Öffentlichkeit und ist bereit, seine Leidenschaft und Sachkenntnis zu teilen. Das vorliegende Buch erhebt nicht den Anspruch einer systematischen, kommentierten und annotierten Erfassung aller gedruckten Karten Kärntens nach bibliographischen Normen, sondern es stellt die Dokumentation einer umfangreichen und wertvollen Privatkollektion dar. Es spiegelt die Liebe des Autors zu den alten Karten wider, repräsentiert aber auch seine jahrzehntelange Beschäftigung mit ihnen und enthält neben den verständlich formulierten, in ihrem Umfang überschaubaren Kommentaren großformatige, qualitativ hochwertige Abbildungen. Diese bieten einerseits eine Exkursion durch die topographische Geschichte der Region und des Herzogtums – als Teil eines größeren Gebietes, als selbständige Verwaltungseinheit, als Teil Innerösterreichs und als Teil des Königreichs Illyrien –, andererseits aber auch einen Streifzug durch die Geschichte der europäischen Landkartenherstellung, speziell der gedruckten Karten und ihres jeweiligen Publikationszusammenhangs.

Die hier vorgestellten Werke aus der Sammlung Lerchbaumer repräsentieren die Geschichte der gedruckten Karten Kärntens von den Anfängen im späten 15. Jahrhundert bis zur Mitte des 19. Jahrhunderts. Obwohl die Sammlung nicht alle gedruckten Karten Kärntens umfasst (was aufgrund der Seltenheit einzelner Objekte wohl auch nicht möglich ist), kann das vorliegende Buch einerseits aufgrund des beeindruckenden Umfangs der Kartensammlung und andererseits aufgrund der solide erarbeiteten Formalangaben zu den vorgestellten Objekten doch als ein Referenzwerk bezeichnet werden. Dies ist jedoch sicher nicht alleiniger Zweck dieser Unternehmung; das Buch soll auch dem nicht professionell mit Karten beschäftigten, an der faszinierenden Welt der Karten interessierten Publikum Information und Freude beim Betrachten und beim Entdecken vieler versteckter Informationen in den kartographischen Zeugnissen Kärntens vermitteln. Wenn dies gelingt – und davon bin ich überzeugt –, ist dem Werk eine nachhaltige Wirkung sicher.

Wilhelm Deuer

Kärnten – Raum und Gesellschaft aus dem Blickwinkel der Kartographie

Das heutige Bundesland Kärnten ist zwar die älteste politische Individualität Österreichs, geriet aber spätestens seit der Übernahme durch das Haus Habsburg 1335 zunehmend politisch, wirtschaftlich und verkehrsgeographisch in eine immer stärkere Randlage. Das Fehlen einer Residenz und der damit verbundenen politischen, wirtschaftlichen und kulturellen Infrastrukturen bewirkte einen Abstieg zur Provinz mit weitreichenden Auswirkungen auf die gesellschaftliche Entwicklung im Lande. Doch im 16. Jahrhundert erlebte das Land noch einmal eine Gegenbewegung, als die Landstände – der grundbesitzende Adel und die hohe Geistlichkeit – Klagenfurt zu ihrer neuen Hauptstadt ausbauen ließen, ein einmaliger Fall innerhalb des Heiligen Römischen Reiches. Allerdings wurde dieser ambitionierte Neubeginn durch die Gegenreformation und den parallel wachsenden landesfürstlichen Absolutismus abrupt beendet, und mit der erzwungenen Auswanderung eines Großteils der politischen wie kulturellen Elite (Khevenhüller, Welzer etc.) setzte wieder ein provinzieller Rückfall ein, der bis zur Gegenwart nicht gestoppt werden konnte.

So sehen wir heute das 16. Jahrhundert, die Epoche von Humanismus und Reformation, als das „große Jahrhundert" des Kärntner Landesbewusstseins. Gerade im letzten Jahrhundertviertel zwischen dem „Brucker Libell" 1578, als Erzherzog Karl II. den Ständen vermeintlich Glaubensfreiheit zusicherte, und dem Beginn der Gegenreformation durch seinen Sohn Ferdinand II. um 1600 erlebte das Land eine kurze Blüte der Wissenschaften und Künste. Der Prädikant Michael Gothard Christalnick verfasste eine Geschichte Kärntens, und 1586 wurde mit dem Neubau des *Collegium sapientiae et pietatis*, der höheren Ständeschule, begonnen, die sogar eine Sternwarte besaß. Selbst nach der ersten Vertreibung der Protestanten ab 1600 wirkte diese Blüte noch einige Jahre nach: Schon aus seinem schwäbischen Exil in Lauingen an der Donau schrieb Urban Paumgartner, ehemals Lehrer am Collegium, das „Aristeion", ein lateinisches Lobgedicht auf Klagenfurt; 1611 gaben die Landstände die „Landshandfeste" heraus – eine gedruckte Sammlung aller Privilegien und Freiheiten des Landes –, und ein Jahr später erschien Christalnicks Landesgeschichte, vom ehemaligen Rektor des Collegiums, Hieronymus Megiser, überarbeitet, unter dessen Namen als „Annales Carinthiae". Auch Megiser hatte bereits 1601 im Zuge der Gegenreformation Kärnten verlassen müssen und hielt sich seit 1606 in Leipzig auf.

Bis dahin war Kärnten kartographisch fremdbestimmt gewesen und hatte erst seit Wolfgang Lazius (1514–1565, Kat.-Nr. 10) und seinen Epigonen Niederschlag in Kartenwerken gefunden. Die gegen Ende des 16. Jahrhunderts namentlich im Kanaltal ausbrechenden Grenzstreitigkeiten zwischen Kärnten und der Republik Venedig sollten aber auch die lokale Kartographie befördern. Neben den Hauptkontrahenten war vor allem Bischof Georg von Bamberg, dessen Hochstift umfangreiche Herrschaftsrechte in Kärnten, etwa im Kanaltal, besaß, an einem „Abriss" seiner Herrschaften interessiert und beauftragte damit 1597 den angesehenen Maler Anton Blumenthal, wobei wir allerdings nicht wissen, inwieweit eine solche Karte überhaupt ausgeführt wurde. Nachhaltiger wirkte der aus Straßburg im Elsass stammende Villacher Bürger Israel Holzwurm, der von 1610 bis 1616 als Ingenieur in den Diensten der Kärntner

Landstände stand und in diesem Zeitraum seine bedeutende Landkarte von Kärnten schuf (Kat.-Nr. 46), die 1612 den „Annales Carinthiae" beigebunden werden sollte. 1617 finden wir ihn als Ingenieur der oberösterreichischen Stände in Linz, die ihn ebenfalls mit der Herstellung einer Karte des Landes beauftragten. Er übernahm damit einen ursprünglich an den bedeutenden Mathematiker und Astronomen Johannes Kepler ergangenen Auftrag, dem die Stände nicht so recht vertrauten, der aber Holzwurm nach dessen Tod im gleichen Jahr als „ausbündigen Meister" bezeichnete.

Holzwurms 1611 gestochene und im folgenden Jahr den Landständen in „etlichen" 100 Exemplaren ausgehändigte, schon 1616 neu aufgelegte (Kat.-Nr. 47) und dabei verbesserte Karte von Kärnten war eine Meisterleistung ihrer Zeit, indem sie bei den Flüssen, den Bergzügen, der Landesgrenze und vor allem in den eingetragenen Informationen zu den topographischen und Siedlungsnamen weit über die bisher geleisteten Karten hinausging. Dass sie lange nicht in verdientem Maße gewürdigt wurde, liegt vor allem an ihrer Seltenheit: Beim großen Klagenfurter Stadtbrand vom 12. Juni 1636 ging nämlich nicht nur der Kartenvorrat, sondern auch die Kupferplatte zugrunde. 14 Jahre später legte sie der landschaftliche Obersekretär Hans Sigmund Otto unter einem typisch barocken aufgeblähten Titel („Aigentlicher Abriß" …) neu auf. Trotzdem blieben diese Karten lange unbeachtet, bis sie im 18. Jahrhundert eine Wiederentdeckung erfuhren: Der Jesuit Granelli (Kat.-Nr. 50), der Nürnberger Johann Christoph Weigel (Kat.-Nr. 52), aber auch Zauchenberg (Kat.-Nr. 51), dann Homann (Kat.-Nr. 78) und Seutter (Kat.-Nr. 82) schufen weit verbreitete und bekannte Karten, die in ihren Kärntner Bezügen alle auf Holzwurm bzw. Otto zurückgingen, allerdings durch die Herstellung außer Landes topographisch schwächer als ihre Ausgangsprodukte ausfielen (Wutte, Kärnten im Kartenbilde der Zeiten 58–74).

Im Laufe des 17. Jahrhunderts ging allmählich das Landesbewusstsein zurück, und die Landstände wandelten sich vom selbstbewussten Partner und Konkurrenten des Landesfürsten zu seinen Vollzugsorganen. Der katholische bzw. rekatholisierte Adel wurde verstärkt an den Landesfürsten gebunden und musste gleichsam „die Hofsuppe löffeln". In dem Maße, in welchem die Wiener Residenz stärker glänzte, ging das kulturelle Niveau der Provinz zurück. Aber natürlich begannen sich auch hier die Gebildeten, vornehmlich der Adel, die höhere Geistlichkeit und – seltener – auch das gehobene Bürgertum, in umfassender Weise nicht nur für das eigene Land, sondern auch für die übrige Welt, insbesondere für die neuentdeckten Gebiete Asiens und Amerikas zu interessieren – wenngleich mit Verspätung und dem lokalen Motivationshorizont angepasst. Die Geographie bzw. Geometrie galt seit der Antike als Teil der sieben freien Künste (*septem artes liberales*), die gleichsam zur Grundausbildung eines freien Mannes gehören sollten und damit auch das Bildungsideal der Oberschicht der frühen Neuzeit verkörperten.

Die Gegenreformation bewirkte jedenfalls eine neue Blüte der Klöster, die nicht nur monumentale Baukonzepte verwirklichen konnten und neue Ausstattungen ihrer Kirchen und Repräsentationsräume erfuhren, sondern auch (wieder) zu Zentren der Forschung und Wissenschaft wurden und eine rege Sammeltätigkeit entfalteten, die gerade die Geographie und Naturwissenschaften mit einschloss. Neben dem Zisterzienserkloster Viktring bei Klagenfurt sind hier besonders die Jesuiten zu nennen, deren Kolleg in Klagenfurt mit Lateinschule und Seminar gleichsam das Erbe der protestantischen Ständeschule antreten sollte.

Wir sind im Zeitalter der Topographen angelangt: Die in Frankfurt am Main von Matthäus Merian (1593–1650) seit 1642 herausgegebene umfassende *Topographia Germaniae* gab den Anstoß für vergleichbare eigene Werke innerhalb der habsburgischen Erblande: So schuf der dem geistlichen

Stand angehörige Geograph und Vermesser Georg Matthäus Vischer (1628–1698) eigene Landestopographien für Nieder- (1672) und Oberösterreich (1674) sowie für die Steiermark (1681). Für Krain (1679 bzw. 1689) und Kärnten (1681 bzw. 1688) leistete der Krainer Landedelmann Johann Weichard Freiherr von Valvasor (1641–1693) diese mühselige und nicht ausreichend bedankte Arbeit einer Landestopographie, deren Wert vor allem in den auf Kupferplatten gestochenen Ansichten aller Städte, Märkte, Flecken, Klöster, Burgen und Schlösser des Landes liegt – oftmals die ersten überlieferten Darstellungen dieser Orte. Interessanterweise ließ Valvasor als Beilage seiner „Topographia Archiducatus Carinthiae" die Karte von Merian (Kat.-Nr. 49) nachstechen, obwohl jene von Holzwurm, aber auch andere bereits besser waren! Manchen der damaligen Landkarten wurden Ansichten zur Landesgeschichte (Herzogseinsetzung) oder -topographie (der Loiblpass und seine erste Untertunnelung) eingefügt, wie etwa jenen von Weigel (Kat.-Nr. 52) oder Homann (Kat.-Nr. 78).

Der Kärntner Adel war, gemessen an jenem der Donauländer und im (Süd-)Osten, am „Hofzaun des Reiches", wenig begütert und fern der Infrastrukturen des Hofes. Doch finden wir auch hier zahlreiche Adelige, die ihre Standeskultur hinsichtlich Repräsentation und Bildung hochhielten. Die Kavalierstour führte den heranwachsenden Adeligen zumindest in benachbarte Länder, bevorzugt nach Italien, auch nach Frankreich und Spanien, und mancher trug eine beachtliche Bibliothek zusammen, wie etwa Georg Andre Graf von Kronegg, der von 1649 bis zu seinem Tod am 5. Oktober 1665 Landeshauptmann von Kärnten war, also als landesfürstlicher Vertrauensmann fungierte. Sie umfasste in fünf Sprachen 210 Titel, darunter vor allem Recht, Kameral- und Polizeiwissenschaften (Rechte und Pflichten als Grundherr), aber auch einige historische und länderkundliche Werke, die teilweise mit schönen Kupferstichen versehen waren. Er sammelte Bücher über die Welt und ihre Wunder (*theatrum orbis terrarum*) und interessierte sich auch für exotische Länder wie China und die Neue Welt, wie z.B. Brasilien. Darüber hinaus hinterließ er auch Kostbarkeiten, die wir unter dem Begriff Kunst- und Wunderkammer zusammenfassen, wie ein Straußenei oder einen großen *mörschneckh* (Nautilus), jeweils in Gold und/oder Silber eingefasst. Während über den weiteren Verbleib seiner Bücher nichts bekannt ist, blieben in Klagenfurt als besondere Kostbarkeit vier Bände des von Joan Blaeu in Amsterdam herausgegebenen *Atlas Maior* erhalten, darunter jener über China, der auf den Jesuitenmissionar Martino Martini aus Trient (1614–1661) zurückgeht. Der Atlas kam als Widmung über die aus den habsburgischen Niederlanden im späten 17. Jahrhundert zugewanderte Familie Goëss in die Klagenfurter Studienbibliothek, die den Grundstock der heutigen Universitätsbibliothek bildet. Er wurde hier im Winter 2019 im Rahmen einer eigenen Ausstellung Interessierten zugänglich gemacht.

Wie bereits vor der kulturellen Blüte vor und um 1600, so sollten auch danach die Kärntner Landkarten durchwegs wieder außerhalb des Landes entworfen und hergestellt werden. Es gab lokal viel zu wenig Bedarf an spezialisierten Verlagen, Druckereien bzw. kartographisch versiertem Personal – das blieb den Höfen bzw. den großen Reichsstädten vorbehalten. Während die erste Hälfte des 18. Jahrhunderts noch ganz dem barocken Pathos und Denken verschrieben war, erfolgte unter Maria Theresia und besonders unter ihrem Sohn Joseph II. allmählich ein Umbau der Erbländer zu einem zunehmend vereinheitlichtem und von einem schnell wachsenden Beamtenapparat verwalteten Staatsgebilde im Zeichen von Vernunft und Aufklärung. Die einst so selbstbewussten Landstände verloren jegliche politische Bedeutung, der Landtag sank zu einem bloß bestätigenden Organ hinab.

Die nunmehr zentral organisierte staatliche Kartographie diente zunehmend militärischen, fiskalischen und statistischen Interessen, was einerseits zum „Flurbuch", dem Josephinischen Kataster, der für Innerösterreich zwischen 1784 bis 1787 erarbeitet wurde, und andererseits zur großen habsburgischen Landesaufnahme ab 1810, einer Militärmappe im Maßstab 1:28.800, führte. Auch die staatskirchlichen Maßnahmen Kaiser Josephs II. hinterließen kartographische Spuren: Um 1782 schuf der aus Salzburg stammende landschaftliche Architekt Johann Georg Hagenauer eine erste Karte der damals noch kleinen Diözese Gurk, und schon im folgenden Jahr lieferte der Lehrer der Geometrie und Zeichenkunst an der Klagenfurter Normalschule Joseph Melling eine „in den Umrissen nicht schlechte" Karte der neuen Diözesaneinteilung Kärntens (Wutte, Kärnten im Kartenbilde der Zeiten 76).

Die Zeitspanne zwischen der Mitte des 18. und jener des 19. Jahrhunderts bedeutete für Kärnten kulturell in mehrfacher Hinsicht einen Tiefpunkt: Sowohl die Aufhebung des Jesuitenordens unter Maria Theresia 1773 als auch die rund ein Jahrzehnt später durchgeführte Säkularisierung der beschaulichen, faktisch der begüterten Klöster unter ihrem Sohn Joseph II. führte in den meisten Fällen zur Zerstörung oder zumindest Auflösung ihrer oftmals bedeutenden Kunst- und wissenschaftlichen Sammlungen. Nur weniges kam in die neugegründeten staatlichen Bibliotheken wie die Klagenfurter Studienbibliothek, einiges viel später durch private Initiativen an den Geschichtsverein.

Durch die Übersiedlung der politischen Landesstellen nach Graz, später Laibach (Ljubljana) erfolgten weitere staatliche Maßnahmen zur Provinzialisierung Kärntens, wozu noch eine Verarmung der Bevölkerung in Folge der Franzosenkriege trat – nicht zuletzt eine Folge des Staatsbankrotts im Jahre 1811. Immerhin bewirkte die Teilung des Landes unter Napoleon ab 1809 in Oberkärnten, das den „Illyrischen Provinzen" und damit einem Teil Frankreichs zufiel, sehr früh entscheidende politische Reformen. Sowohl die Franzosenkriege als auch die Landesteilung förderten wiederum den Patriotismus, der 1811 in der Gründung der Zeitschrift „Carinthia" zum Ausdruck kam und 1844 in der Gründung des bereits erwähnten Geschichtsvereines gipfelte. In diesem Zeitraum – politisch Vormärz und kulturgeschichtlich Biedermeier genannt – erschienen verstärkt Post- und Verkehrskarten (Kat.-Nr. 101–104) der Habsburgermonarchie oder – gleichsam als sehnsuchtsvoller Blick in die weite Welt – oftmals zu Atlanten gebundene Karten aller Kontinente.

Als europaweit bedeutende Leistung entstand in dieser Zeit der Franziszeische Kataster, der bis heute die Grundlage des Katasters der Vermessungsämter bildet: Nach dem Grundsteuerpatent Kaiser Franz I. vom 13. Dezember 1817 erfolgte in einem Großteil der habsburgischen Erbländer eine Vermessung aller Grundstücke im Maßstab 1:2880 samt Erhebung ihrer Bewirtschaftung – in Kärnten zwischen 1824 und 1829.

Wir kommen zu einem Fazit: In der Kartographie des Landes Kärnten spiegelt sich seine Randlage bzw. Abhängigkeit von den Kultur- und Wissenschaftszentren des Heiligen Römischen Reiches und der habsburgischen Länder wider. Durch die Lage an wichtigen Nord-Süd-Transitstrecken sowie wegen des jahrhundertelangen umfangreichen Herrschaftsbesitzes des Salzburger Erzbischofs und des Bamberger Bischofs blieb das Land aber für die Kartographie eine Herausforderung. Deshalb ist umso auffallender, wie wenig genau hierin einige der früheren Kartenwerke ausgefallen sind. Die Randlage wirkte sich also tiefer und nachhaltiger aus, als man es damals vorhersehen konnte. Die ersten Kartographen hätten sich ansonsten wohl auch mehr bemüht.

AUS DEN PTOLEMÄUS-ATLANTEN DES 15. UND 16. JAHRHUNDERTS

Der griechische Gelehrte Claudius Ptolemäus schrieb um das Jahr 150 eine Anleitung zur Herstellung von Landkarten („Geographikè Hyphégesis"), der auch 27 Karten der damaligen Welt beigegeben waren. Heute gilt sein Buch als der erste Atlas der Weltgeschichte und gehört zu den bedeutendsten wissenschaftlichen Arbeiten, die uns aus der Antike überliefert sind.

Als in der Neuzeit die Nachfrage nach verlässlichem Kartenmaterial immer größer wurde, übersetzte 1409 der italienische Humanist Jacobus Angelus das Werk von Ptolemäus ins Lateinische und machte den Weg frei für ein neues Kapitel in der Geschichte der Kartographie. Durch immer neue Abschriften, Kommentare und Ergänzungen erreichte die „Geographia" bzw. „Cosmographia", wie das Buch in lateinischer Sprache hieß, bald den Status eines Standardwerks. Mit dem Aufkommen des Buchdrucks bot sich dann auch die Gelegenheit, Ptolemäus einer breiteren Öffentlichkeit zugänglich zu machen. Die erste gedruckte Ausgabe, die sowohl den Text als auch die Karten beinhaltete, erschien 1477 in Bologna. Ein Jahr später wurde in Rom die nächste „Cosmographia" veröffentlicht, die wegen der besonderen Qualität der Kartendrucke bereits zu den Höhepunkten der Kartographie des 15. Jahrhunderts zählt. Bald kamen zu den neuen Erkenntnissen auf dem Gebiet der Kartographie auch neue Karten dazu, die jenen von Ptolemäus in puncto Genauigkeit überlegen waren. Ihre Zahl wuchs ständig, in erster Linie wegen der vielen Entdeckungsreisen, für die das verlässliche Kartenmaterial von größter Bedeutung war. In der zweiten Hälfte des 16. Jahrhunderts machten diese neuen nicht nur den wichtigeren, sondern in manchen Ausgaben bereits auch den größeren Teil der Karten aus.

Die Region rund um Kärnten hieß bei Ptolemäus noch Noricum und befand sich auf einer von zehn Teilkarten von Europa, der „Tabula quinta", der fünften Tafel. Den Erstdruck von 1477 ausgenommen, befinden sich in der Sammlung Lerchbaumer alle wichtigen Ausgaben dieser Karte. Das betrifft vor allem die Rom-Ausgabe von Schweynheym und Buckinck (Kat.-Nr. 1), aber auch jene aus Florenz von Francesco Berlinghieri (Kat.-Nr. 2) und jene von Ulm (Kat.-Nr. 3), die alle noch aus dem Inkunabel-Zeitalter stammen. Es folgen die erste Venedig-Ausgabe von Bernardus Sylvanus (Kat.-Nr. 4) und die Waldseemüller-Bearbeitungen von Lorenz Fries (Kat.-Nr. 5 und 6). Die Ptolemäus-Karten von Sebastian Münster (Kat.-Nr. 7), Jacopo Gastaldi (Kat.-Nr. 8) und Gerard Mercator (Kat.-Nr. 9) – alle drei zählen bereits zu den wichtigen Vertretern der neuzeitlichen Kartographie – schließen das Kapitel ab.

1

CLAUDIUS PTOLEMÄUS / CONRAD SCHWEYNHEYM

„Quinta Europe tabula".
Rom, Conrad Schweynheym und Arnold Buckinck, 1478.

Kupferstich, 26 × 54 cm

Aus „Claudii Ptholemei Alexandrini philosophi Cosmographia", herausgegeben vom italienischen Humanisten Domitius Calderinus, mit dem lateinischen Text von Jacobus Angelus. Das Manuskript stammt von Donnus Nicolaus Germanus, einem der führenden Kosmographen des 15. Jahrhunderts, der die 27 ptolemäischen Karten neu gezeichnet hat. Conrad Schweynheym nahm sich als erster vor, die Druckplatten zu den Karten von Nicolaus Germanus anzufertigen, konnte aber seine Arbeit nicht vollenden, er starb 1476. Arnold Buckinck übernahm diese Aufgabe und gab 1478 die gemeinsame „Cosmographia" heraus. Die Druckplatten wurden später von mehreren Verlagen aus Rom für weitere Ausgaben verwendet.

Lit.:
Wutte, Kärnten im Kartenbilde der Zeiten 30
Höck/Leitner, Kärnten in alten Landkarten bis 1809 2
Dörflinger/Wagner/Wawrik, Descriptio Austriae 48
Wawrik/Zeilinger, Austria picta 27

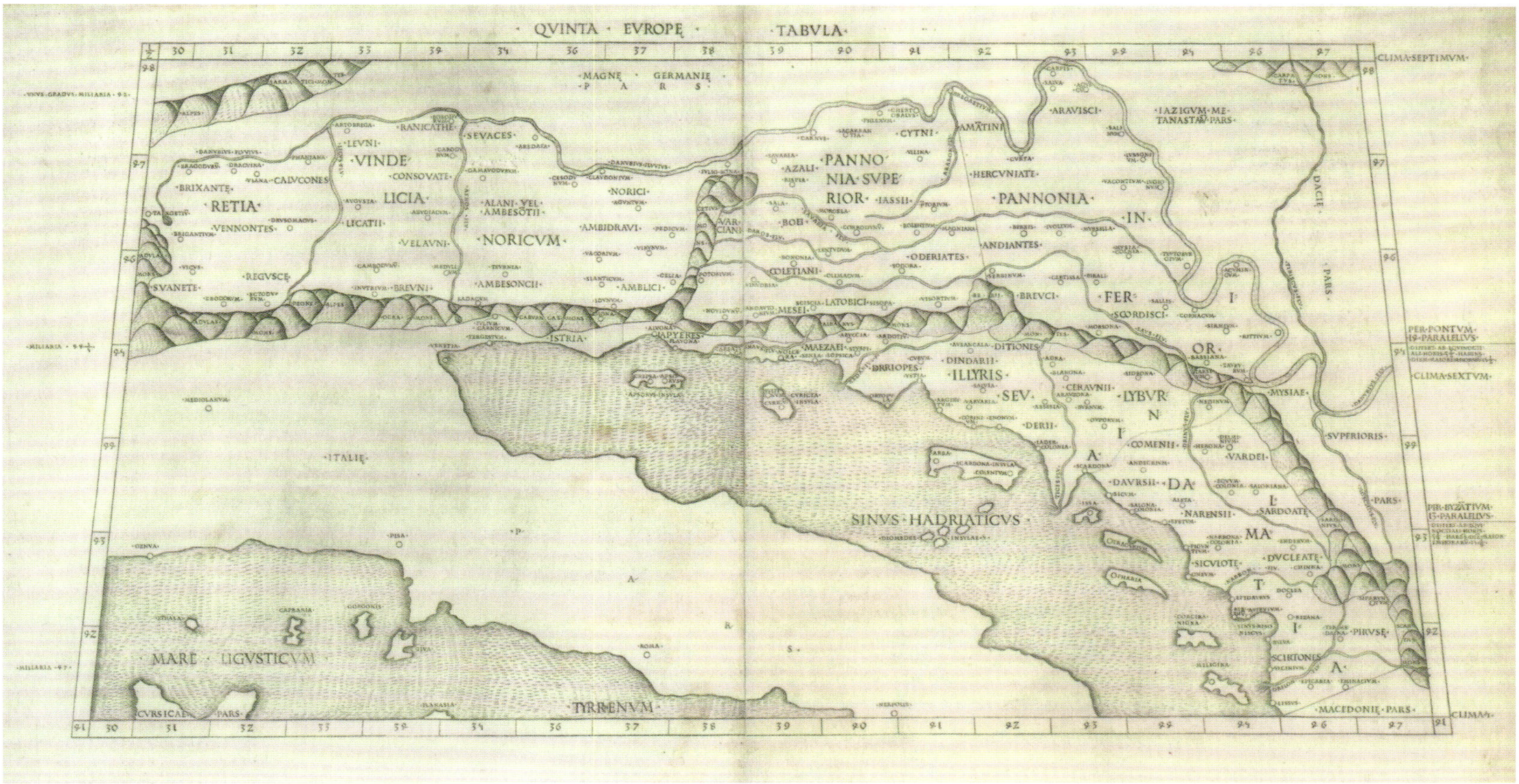
QVINTA · EVROPĘ · TABVLA
MAGNĘ · GERMANIĘ · PARS
RETIA
VINDE
LICIA
NORICVM
PANNO
NIA · SVPE
RIOR
PANNONIA
IN
FER
I
OR
ILLYRIS
SEV
LYBVR
N
I
A
DA
L
MA
T
I
A
SINVS · HADRIATICVS
ITALIĘ
MARE · LIGVSTICVM
TYRRENVM
MACEDONIĘ · PARS
CLIMA · SEPTIMVM
CLIMA · SEXTVM
MYSIAE
SVPERIORIS
DACIĘ
PARS
IAZIGVM · ME
TANASTAE · PARS

2

CLAUDIUS PTOLEMÄUS / FRANCESCO BERLINGHIERI

„Tabula quinta d Europa".
Florenz, Nikolaus Laurentii, 1482.

Kupferstich, 29,5 × 49 cm

Aus „Geographia di Francesco Berlinghieri Fiorentino in terza rima et lingua Toscana distincta con le sue tavole in varii siti et provincie secondo la Geographia et dinstictione dele tavole di Ptolomeo". Berlinghieri hat den Text von Ptolemäus frei ins Italienische übersetzt und neben den 27 antiken Karten bereits vier moderne dazugestellt. Die Projektionsnetze und die äußere Form der Karten hat er aus den früheren Abschriften der „Geographia" übernommen, die sich noch an griechischen Originalen orientiert haben.

Lit.:
Wutte, Kärnten im Kartenbilde der Zeiten 29

TABVLA QVINTA DE EVROPA

3

CLAUDIUS PTOLEMÄUS / JOHANN REGER

„Quinta Europe tabula".
Ulm, Johann Reger für Justus de Albano, 1486.

Holzschnitt, koloriert, 28 × 50,6 cm

Aus der zweiten Ulmer Ausgabe der „Cosmographia" von Ptolemäus, die weitgehend mit der ersten von Lienhart Holl aus 1482 übereinstimmt und bereits sechs neue Karten beinhaltet. Die Ulmer Ausgaben sind nach dem Manuskript von Donnus Nicolaus Germanus aus dem Schloss Wolfegg in Oberschwaben entstanden. Es handelt sich um das erste Erscheinen der „Cosmographia" auf deutschem Boden, sowohl was das Manuskript als auch was den Buchdruck betrifft. Die Kommentare zum Text von Ptolemäus stammten vom Schweizer Humanisten Petrus Numagen, die Druckstöcke für die Karten fertigte Johannes aus Armsheim an. Die Ulmer Verleger haben als erste ihre Karten selbst kolorieren lassen – in der Regel übernahmen diese Aufgabe, je nach Vorliebe, die späteren Besitzer.

Lit.:
Wutte, Kärnten im Kartenbilde der Zeiten 29

QUINTA · EURO
PE · TABULA
Pars Magne germanie
RECIA
VINDELITIA
NORICUM
PANNONIA SUPERIOR
PANNONIA INFERIOR
Illiris et liburnia
DALMATIA
SINUS · ADRIATICUS
ITALIE · PARS
MARE · TIRENUM
Mare ligusticum
Venecia
Mediolanum
Florencia
Rauenna
Genua
Neapolis
Clima septimum
Clima sextum
Clima quintum

4

CLAUDIUS PTOLEMÄUS / BERNARDUS SYLVANUS

„Quinta Europae tabula".
Venedig, Jacobus Pentius, 1511.

Holzschnitt, Druck in Rot und Schwarz, 37,7 × 55,5 cm (Karte 32 × 50 cm)

Aus „Claudii Ptholemaei Alexandrini liber geographiae cum tabulis et universali figura", herausgegeben vom italienischen Geografen Bernardus Sylvanus. Der Atlas von Sylvanus hatte 28 Karten und eine zusätzliche Weltkarte, auf der einige neuentdeckte Länder, wie Kuba, Haiti und Teile Südamerikas, zum ersten Mal vermerkt wurden. Bernardus Sylvanus war der einzige Kartograph, der seine Korrekturen und Neuerungen direkt auf die Ptolemäus-Karten eintrug. Er hat sie außerdem, was ganz selten bei den frühen Karten vorgekommen ist, auf beiden Seiten des Blattes gedruckt. Da sie heute zu den bibliophilen Raritäten zählen, werden die Blätter oft im Querschnitt gespalten und auf eine ähnlich alte Unterlage übertragen.

QVINTA·EVROPAE·TABVLA

5

CLAUDIUS PTOLEMÄUS / WILLIBALD PIRCKHEIMER

„Tabula V. Europae".
Straßburg, Johannes Grüninger, 1525.

Holzschnitt, koloriert, 29,5 × 45,5 cm

Aus „Claudii Ptolemaei Geographicae enarrationis libri octo", herausgegeben und in Anlehnung an die alte Übersetzung von Jacobus Angelus neu übertragen von Willibald Pirckheimer. Beigelegt wurde auch ein (posthumer) Beitrag von Regiomontanus, in dem auf einige wissenschaftliche Irrtümer von Ptolemäus hingewiesen wird. Die Karten stammen vom deutschen Arzt und Geographen Lorenz Fries, der bei Grüninger auch andere Werke publiziert hat.
Es handelt sich um verkleinerte Nachstiche der Karten von Martin Waldseemüller, einem der bedeutendsten Kartographen der Renaissance.

MAGNE GERMANIE PARS
IAZIGV METANASTARV PARS
DATIE PARS
PANONIA SVPERIOR
PANO NIA INFERIOR
RETIA
VINDELICIA
NORICV
HISTRIA
ILLYRIS
LYBURNIA
DALMATIA
SINVS
HADRIATICVS
ITALIE PARS
MARE LIGVSTICVM
CVRSICE PARS
MACEDONIE PARS

6

CLAUDIUS PTOLEMÄUS / MICHAEL SERVETUS

„Tabula V. Europae".
Lyon, Melchior & Gaspar Trechsel, 1535.

Holzschnitt, 29,5 × 46 cm

Aus „Claudii Ptolemaei Alexandrini Geographicae enarrationis libri octo", herausgegeben vom humanistischen Gelehrten Michael Servetus (Michel Servet), der in erster Linie als protestantischer Theologe bekannt war (er wurde auf Betreiben Calvins als Ketzer verbrannt). Seine Kommentare sind vor allem der Übersetzung von Willibald Pirckheimer (Kat.-Nr. 5) gewidmet, die er sowohl mit dem griechischen Original als auch mit früheren Ptolemäus-Ausgaben verglichen und kritisch bearbeitet hat. Die Karten dieser Ausgabe stammen ebenfalls von Lorenz Fries, nach Vorlagen von Waldseemüller. Der Text auf der Rückseite der Karten ist mit aufwendigen Bordüren von Hans Holbein und Urs Graf ausgeschmückt.

MAGNE GERMANIE PARS
IAZIGV METANA
PARS
Carpatus mons
Arpes
RETIA
VINDELICIA
NORICV
PANONIA
SVPE
RIOR
PANO
NIA IN
FERIOR
DATIE PARS
HISTRIA
Vene
tiae
SINVS
HADRIATICVS
ITALIE PARS
ILLY
RIS
LYBVR
NIA
DAL MA
TI A
Mysie
Sup
pars
MARE
LIGVSTICVM
CVRSICE
PARS
MACEDO
NIE PARS

CLAUDIUS PTOLEMÄUS / SEBASTIAN MÜNSTER

„Tabula Europae V".
Basel, Heinrich Petri, 1540.

Holzschnitt, 28 × 33,5 cm

Aus „Geographia Universalis, vetus et nova, complectens Claudii Ptolemaei Alexandrini enarrationis libros VIII", herausgegeben und neu ins Lateinische übersetzt von Sebastian Münster, einem der bedeutendsten Geographen der Renaissance. Mit 48 Karten, davon 21 neuen – alle wurden von Münster selbst angefertigt –, gehört der Kartenbestand dieser Ausgabe zu den umfangreicheren seiner Zeit. Bekannt wurde Sebastian Münster allerdings erst mit seiner eigenen „Cosmographia", erschienen 1544, die bereits nur moderne Karten und Stadtansichten beinhaltet hat.
Die Sammlung Lerchbaumer besitzt zwei Exemplare dieser wertvollen Karte – neben einem unkolorierten, auch ein vermutlich noch im 16. Jahrhundert koloriertes Exemplar.

TABVLA EVROPAE V.

RHAETIAE ciuitates.
Bragodurum, Ebodurum, Draculina, Drusomagus
Eßodurum, Pheniana, Taxgetium, Viana.
VINDELICIAE Bœodurii, Carrodunii, Abu-
diacum, Cambodunum, Medullum.
NORICI. Aguntii, Bedacü, Claudinii, Gaba-
nodurum, Gesodunii, Vacorium, Pœdicii, Virunü,
Idunum, Stanticum, Teturnia.
PANNONIAE superioris. Andautonium
Bolentium, Bonomia, Carrodunum, Emona, Mur-
soela, Magniana, Lentudum, Nouidunum, Olimacü
Petouium, Pretorium, Rhispia, Sala, Sauaria, Sis-
cia, Sorogẽ, Sisopa, Valina, Vsontii, Vinundra.
PANNO. inferioris. Aquicum, Baßiana, Ber-
bis, Certißa, twoilum, Lissonium, Lugionii, Marsō-
nia, Marsella, Rittium, Salinum, Sirmii, Vacōtium.
ILLIRIDIS & Dalmatiæ. Aluona, Ara-
gyratum, Arucia, Andecrium, Bulua, Burnum, Co-
rinium, Curcum, Delminium, Doclea, Enona, Ende-
rum, Epicaria, Flauona, Herona, Lopsica, Nedinii,
Narbona, Ortopla, Oneii, Piguntium, Rizana, Sa-
loniana, Scodra, Tarsatica, Velcera, Varuaria.

8

CLAUDIUS PTOLEMÄUS/JACOPO GASTALDI

„Tabula Europae V".
Venedig, Giovanni Battista Pedrezzano, 1548.

Kupferstich, 13 × 17,5 cm

Aus „La geografia di Claudio Ptolemeo", von einem der einflussreichsten Geographen der Renaissance, Jacopo Gastaldi, mit dem italienischen Text vom bekannten Arzt und Botaniker Pietro Andrea Mattioli (Matthiolus). Als Vorlage diente die Ptolemäus-Ausgabe von Sebastian Münster. Gastaldi hat seinen Ptolemäus in einem handlichen Format herausgebracht, so dass man hier zum ersten Mal von einem Taschenatlas reden kann. Mit 60 Karten, und somit bereits mit mehr neuen als solchen von Ptolemäus, gehört die „Geografia" von Jacopo Gastaldi bereits zu den modernen Atlanten und galt dementsprechend lange Zeit als Vorbild für viele Kartographen.

33

9

CLAUDIUS PTOLEMÄUS / GERARD MERCATOR

„Eur. V Tab.".
Köln, Gottfried Kempen, 1578.

Kupferstich, koloriert, 32,5 × 46 cm

Aus „Claudii Ptolemaei Tabulae Geographicae Orbis Terrarum" von Gerard Mercator, einem der Begründer der modernen Kartographie. Obwohl er bereits intensiv an seinem Atlas arbeitete, widmete sich Mercator hier noch einmal den antiken Vorbildern. Dieses Werk, das ohne den üblichen Text erschienen ist, blieb eine Besonderheit: es ist immer als selbständige Publikation erschienen, nie in einem seiner eigenen Atlanten. Noch bis 1730 gab es immer wieder neue Ausgaben davon, nicht zuletzt wegen der schönen Karten, in denen Mercator bereits seine große Kunst gezeigt hat.

Lit.:
Meurer, Atlantes Colonienses 41
Van der Krogt, Koeman's Atlantes Neerlandici 1501,6E/0905:1.1

EVR: V TAB:
Medius meridianus est 38. reliqui autem ad hunc inclinantur pro ratione parallelorum 43. & 46.
Germa niæ pars
Iazyges
Daciæ pars
Teracatriæ
Carpatus mons
Sarmatici montes
PANNONIA superior
PANNONIA inferior
RÆTIA
VINDELICIA
NORICUM
ILLYRIS
Adria ticus sinus
Tyrrhenum mare
Ionium mare
Ita lia
Mysiæ superioris pars
Macedoniæ pars
Danubius flu:
Padus fluuius
Roma
Mediolanum
Verona
Rauenna
Aquileia
Istria
Corcyra nigra
Melitine
Arba
Neapolis
Salernum
Barium
Dyrrachium
Apollonia

ABRAHAM ORTELIUS, „THEATRUM ORBIS TERRARUM"

Die Nachfrage nach neuen, verlässlicheren Landkarten wurde im Laufe des 16. Jahrhunderts immer größer, was dazu führte, dass ihr Anteil in den Ptolemäus-Ausgaben stetig zunahm. Als Folge dieser Entwicklung erschien 1570 der erste Atlas, der nur moderne Karten und zeitgenössische Kommentare beinhaltet hat. Es war der flämische Geograph und Verleger Abraham Ortelius, der als erster mit seinem „Theatrum Orbis Terrarum" („Schauplatz der ganzen Welt") die neue Epoche in der Geschichte der Kartographie ankündigte. Wie stark das Interesse an diesen Karten war, zeigt sich am besten an den vielen Ausgaben von „Theatrum": von ursprünglich 53 bzw. 70 Karten im Jahr 1570, brachte es die Ausgabe von 1598 bereits auf 119 Karten und bei der 31. Ausgabe von 1612 waren es schon 167. Bis 1621 erschienen bei Ortelius und seinen Nachfolgern über 40 Ausgaben, in denen immer wieder neue Karten präsentiert und ältere aktualisiert wurden. Viele dieser Karten schuf Ortelius selbst, nahm aber auch Karten anderer Geographen in seinen Atlas auf, wie jene des Österreichers Wolfgang Lazius oder der am Wiener Hof tätigen Gelehrten Markus Setznagel und Johannes Sambucus.

Die Sammlung Lerchbaumer besitzt alle wichtigen Karten aus dem Ortelius-Atlas, die sich auf Kärnten und die angrenzende Region im Süden beziehen, in erster Linie die bekannte Lazius-Karte (Kat.-Nr. 10). Ebenso wichtig für die Geschichte der Kartographie der Region sind die Karten von Markus Setznagel (Kat.-Nr. 11 und 12), Augustin Hirschvogel (Kat.-Nr. 13) und Johannes Sambucus (Kat.-Nr. 14 und 15).

10

WOLFGANG LAZIUS / ABRAHAM ORTELIUS

„Carinthiae Ducatus et Goritiae Palatinatus".
Antwerpen, Gillis Coppens van Diest, 1574.

Kupferstich, koloriert, 33 × 24 cm

Aus „Theatrum Orbis Terrarum" von Abraham Ortelius, zweite lateinische Ausgabe. Diese Karte des österreichischen Humanisten Wolfgang Lazius, die zum ersten Mal 1561 in seinem Atlas „Typi Chorographici Provinciae Austriae" erschienen ist, gehört zu den wichtigsten kartographischen Darstellungen des Landes. Ortelius hat die ursprünglich runde Form geändert und das Format etwas verkleinert. Auf der rechten Seite des Doppelblattes befinden sich zwei kleinere Karten aus der Region: die Istrien-Karte von Pietro Coppo aus 1525 und eine Karte der dalmatinischen Küste rund um die Städte Zadar und Šibenik. Das Blatt wurde zum ersten Mal 1573 in der erweiterten ersten Ausgabe vom Ortelius-Atlas veröffentlicht.

Lit.:
Wutte, Kärnten im Kartenbilde der Zeiten 53
Höck/Leitner, Kärnten in alten Landkarten bis 1809 21
Van der Krogt, Koeman's Atlantes Neerlandici 2725/31:012,55
Van den Broecke, Ortelius Atlas Maps 143a

Karte von Istrien:
Bagrow, Geschichte der Kartographie (1951) 144
Van den Broecke, Ortelius Atlas Maps 143b

Karte von Zara & Sebenico:
Van den Broecke, Ortelius Atlas Maps 143c

CARINTHIAE DVCATVS, ET GORITIAE PALATINATVS, WOLF. LAZIO auctore.

Histriæ tabula a Petro Coppo descr.

ZARAE, ET SEBENICI DESCRIPTIO

11

MARKUS SETZNAGEL / ABRAHAM ORTELIUS

„Salisburgensis iurisdictionis, locorumque vicinorum vera descriptio".
Antwerpen, Christoffel Plantijn, 1579.

Kupferstich, koloriert, 34 × 43,5 cm

Aus „Theatrum Orbis Terrarum" von Abraham Ortelius, spätere lateinische Ausgabe. Ursprünglich ist die Karte 1551 als Einzelblatt beim Buchdrucker aus Salzburg, Hans Baumann, erschienen. Markus Setznagel hat diese erste Generalkarte seines Landes, bei der auch Kärnten erfasst wurde, neu bearbeitet und Ortelius hat sie im Wesentlichen unverändert wiedergegeben. Im oberen Teil des Blattes hat er auch ein Lobgedicht auf Setznagel drucken lassen, in dem er seine Bewunderung für den Salzburger Kartographen zum Ausdruck gebracht hat. Die Karte befand sich schon 1570 in der ersten Ausgabe des „Theatrum". Kärnten bekommt hier viel Platz, die Darstellung weicht allerdings von der üblichen Anordnung der Himmelsrichtungen ab.

Lit.:
Wutte, Kärnten im Kartenbilde der Zeiten 56
Höck/Leitner, Kärnten in alten Landkarten bis 1809 19
Schaup, Salzburg auf alten Landkarten 1551–1886/87 1.1.1
Dörflinger/Wagner/Wawrik, Descriptio Austriae 70
Van der Krogt, Koeman's Atlantes Neerlandici 2720:31A / 31:021,51
Van den Broecke, Ortelius Atlas Maps 107

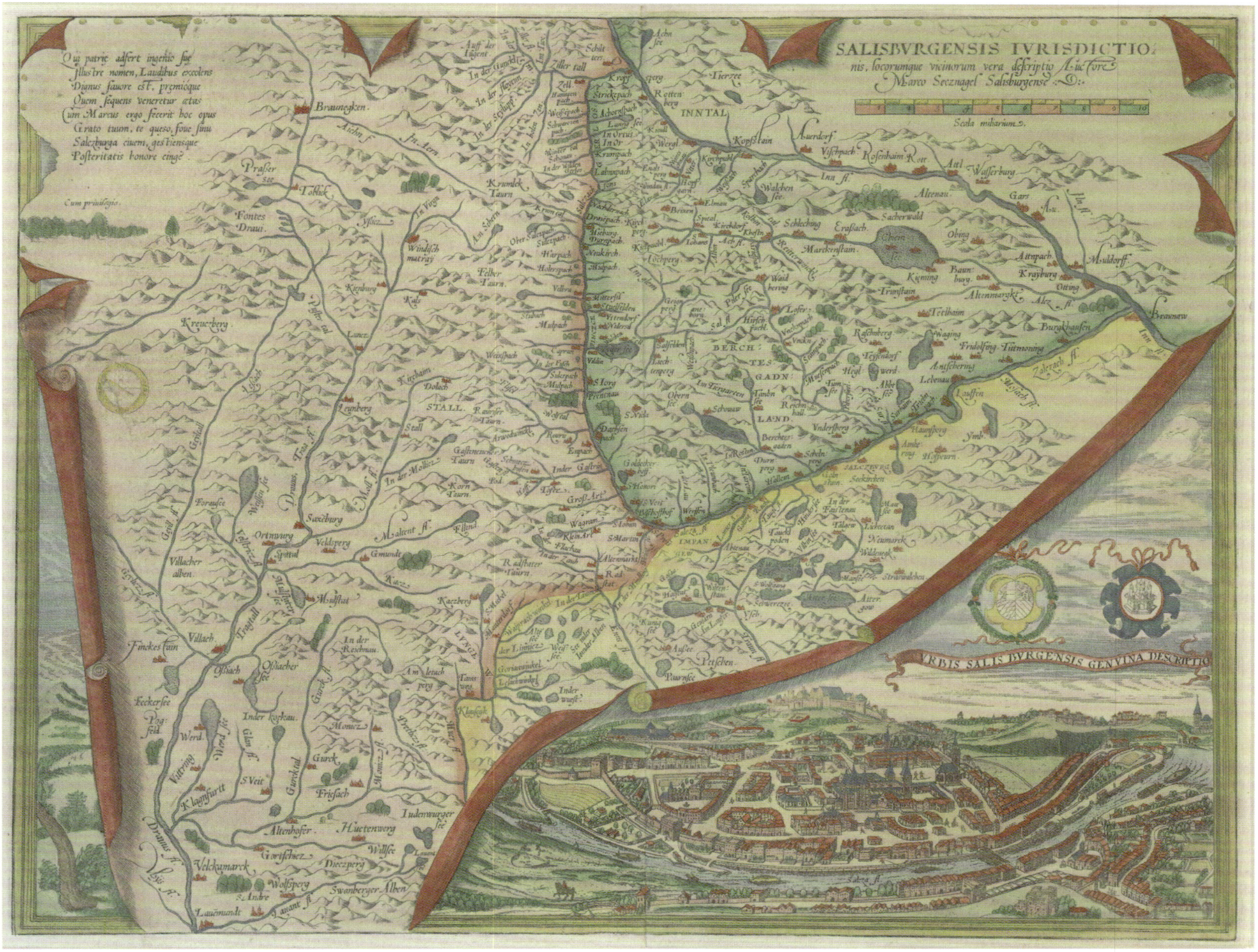
SALISBVRGENSIS IVRISDICTIO-
nis, locorumque vicinorum vera descriptio Auctore
Marco Seeznagel Salisburgense.
Scala miliarium.
Qui patriæ adfert ingenio suæ
Illustre nomen, Laudibus excolens
Dignus fauore est, præmioque
Quem sequens veneretur ætas
Cum Marcus ergo fecerit hoc opus
Grato tuum, te queso, foue sinu
Salczburga ciuem, gestiensque
Posteritatis honore cinge.
Cum priuilegio.
VRBIS SALISBVRGENSIS GENVINA DESCRIPTIO
INNTAL
BERCHTESGADNLAND
STALL
Kopfstain
Wasserburg
Rosenhaim
Klagenfurt
Villach
Saltza fl.

12

MARKUS SETZNAGEL / ABRAHAM ORTELIUS

„Salisburgensis iurisdictionis, locorumque vicinorum vera descriptio".
Antwerpen, Jan Baptist Vrients, 1603.

Kupferstich, koloriert, 38 × 45,8 cm

Aus „Theatrum Orbis Terrarum" von Abraham Ortelius, spätere lateinische Ausgabe. Es handelt sich im Grunde um die gleiche Karte wie bei der Ausgabe von 1570 (Kat.-Nr. 11), diesmal ohne die Ansicht von Salzburg. Die Karte wurde neu gestochen, dabei etwas verbessert und vergrößert, die Stadtansicht wurde durch eine imposante Rollwerkkartusche ersetzt. Ab ca. 1595 löste diese Version in allen folgenden Ausgaben vom Ortelius-Atlas die frühere Karte ab.

Lit.:
Wutte, Kärnten im Kartenbilde der Zeiten 56
Höck/Leitner, Kärnten in alten Landkarten bis 1809 19
Schaup, Salzburg auf alten Landkarten 1551–1886/87 1.1.2
Dörflinger/Wagner/Wawrik, Descriptio Austriae 70
Van der Krogt, Koeman's Atlantes Neerlandici 2720:31B/31:053,67
Van den Broecke, Ortelius Atlas Maps 108

OCCIDENS.

Qui patriæ adfert ingenio suæ
Illustre nomen, Laudibus excolens
Dignus fauore est, præmioque
Quem sequens veneretur ætas
Cum Marcus ergo fecerit hoc opus
Grato tuum, te quæso, foue sinu
Salczburga ciuem, gestiensque
Pol teritatis honore cinge.

Scala miliarium.

MERIDIES.

SEPTEMTRIO.

AVSTRIAE CONFINIA

SALISBVRGENSIS
IVRISDICTIONIS,
locorumq; vicinorum vera descriptio
Auctore Marco Secznagel
Salisburgense.

ORIENS.

13

AUGUSTIN HIRSCHVOGEL / ABRAHAM ORTELIUS

„Schlavoniae, Croatiae, Carniae, Istriae, Bosniae, finitimarumque regionum nova descriptio".
Antwerpen, Gillis Coppens van Diest, 1574.

Kupferstich, koloriert, 33,5 × 46,5 cm

Aus „Theatrum Orbis Terrarum" von Abraham Ortelius, spätere lateinische Ausgabe. Der bekannte deutsche Kartograph Augustin Hirschvogel schuf diese Karte 1539 während seiner Tätigkeit am Wiener Hof. Es handelt sich um eine der frühesten Spezialkarten dieser Region. Der Auftrag dafür stand eng in Zusammenhang mit dem Vordringen der Osmanen in österreichische Länder und in die Nachbarstaaten.

Lit.:
Wutte, Kärnten im Kartenbilde der Zeiten 46
Höck/Leitner, Kärnten in alten Landkarten bis 1809 17
Wawrik/Zeilinger, Austria picta 39
Van der Krogt, Koeman's Atlantes Neerlandici 7601:31/31:012,70
Van den Broecke, Ortelius Atlas Maps 145

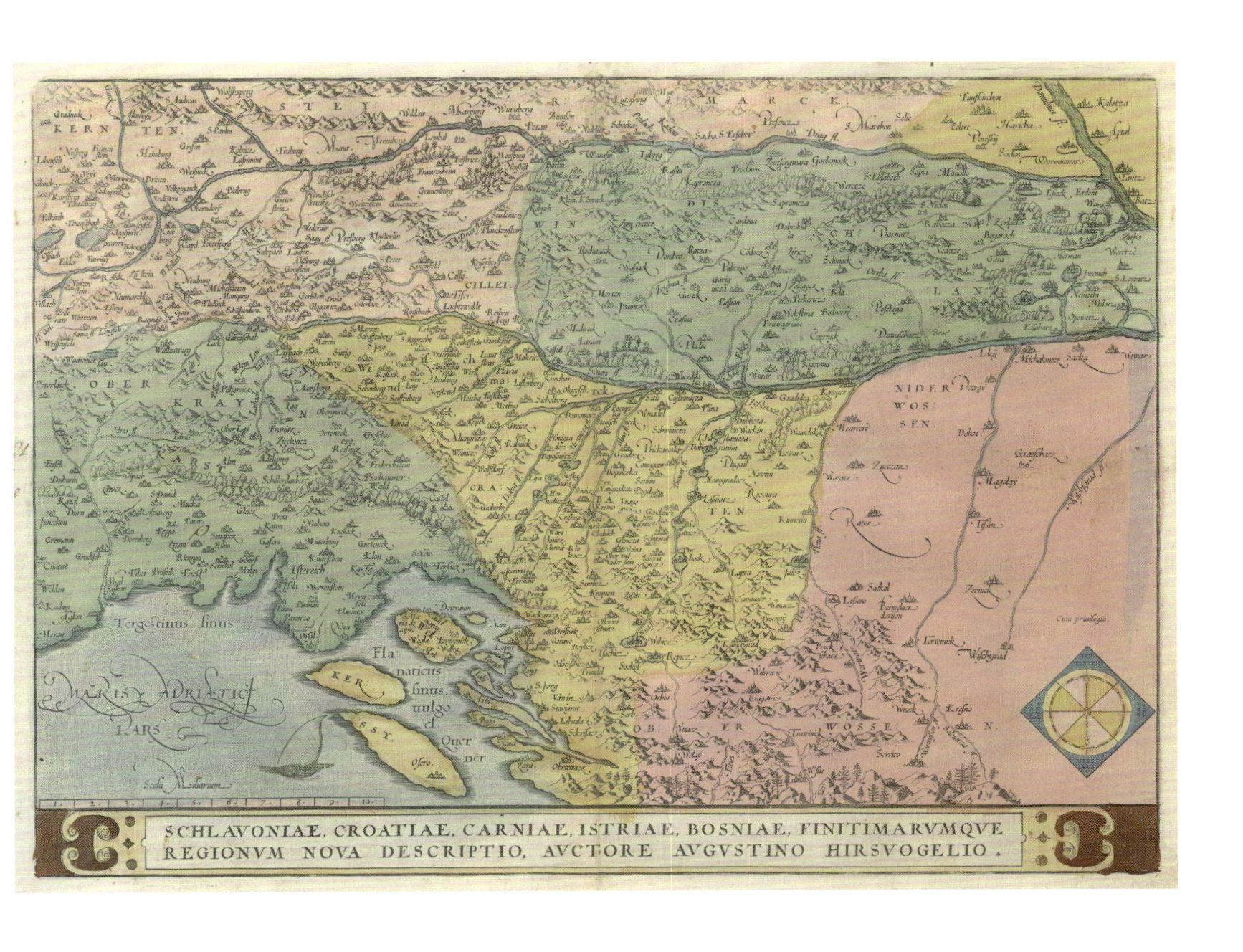

SCHLAVONIAE, CROATIAE, CARNIAE, ISTRIAE, BOSNIAE, FINITIMARVMQVE REGIONVM NOVA DESCRIPTIO, AVCTORE AVGVSTINO HIRSVOGELIO.

14

JOHANNES SAMBUCUS / ABRAHAM ORTELIUS

„Illyricum".
[Nürnberg, Johann Koler, 1572/1575].

Kupferstich, koloriert, 37 × 48 cm

Aus „Theatrum Orbis Terrarum" von Abraham Ortelius, vermutlich aus der deutschen Ausgabe von Johann Koler. Die Karte wurde 1572 vom ungarischen Gelehrten Johannes Sambucus, der am Wiener Hof tätig war, entworfen und unmittelbar nach der Fertigstellung von Ortelius übernommen. Sambucus hat die frühere Karte dieser Region, die Augustin Hirschvogel entworfen hat (Kat.-Nr. 13), an mehreren Stellen ergänzt und verbessert.

Lit.:
Wutte, Kärnten im Kartenbilde der Zeiten 47
Höck/Leitner, Kärnten in alten Landkarten bis 1809 18
Van der Krogt, Koeman's Atlantes Neerlandici 7640:31
Van den Broecke, Ortelius Atlas Maps 144

ILLYRICVM.
IOAN. SAMBVCVS ORTELIO SVO S.
Mitto hanc quoque tabellam qua necessaria confinia Pannoniæ declarantur, fluuiorum & aliquot locorum situs Hirschuogelij rectè mutaui, Angelini autem studio plurima adieci, et interualla correxi, vt parum quis si cum Hirschvogelij hæc coniungat desideraverit. si qui errores sint, dies certiora docebit. Viennæ, Vale. 25. Octob. 1572.
SEPTENTRIO.
MERIDIES
OCCIDENS.
ORIENS.
CARNITIA.
STIRIA.
VN GARIA.
CARNIOLA
WINDISCH MORCH
SCLAVONIA.
CROVATIA
BOSSNA
HISTRIA
DALMATIA.
VELGER
KHERSCHER
LEZIN.
PAGO.
Sinus Hadriaticus.
Quarnero, olim Flanaticus sinus.
Tergestinus sinus
Cum Imperatoris & Regis Maiestatis Privilegio.
Milliaria communia, & magna
DANVBIVS FLV.
DRAVA FLV.
SAVA FLV.

15

JOHANNES SAMBUCUS / ABRAHAM ORTELIUS

„Fori Iulii accurata descriptio".
Antwerpen, Christoffel Plantijn, 1595.

Kupferstich, koloriert, 35,5 × 48 cm

Aus „Theatrum Orbis Terrarum" von Abraham Ortelius. Fortsetzung der „Illyricum"-Karte (Kat.-Nr. 14) in Richtung Westen, von Johannes Sambucus 1573 entworfen und bereits im gleichen Jahr bei Ortelius zum ersten Mal veröffentlicht. Kärnten kommt hier nur am oberen Rand vor. Das Kanaltal und das anschließende Eisental waren allerdings damals wegen der Kämpfe um die Vorherrschaft in der Region von großer strategischer Bedeutung.

Lit.:
Van der Krogt, Koeman's Atlantes Neerlandici 7171:31B
Van den Broecke, Ortelius Atlas Maps 119

FORI IVLII ACCVRATA DESCRIPTIO

Cum Priuilegio

IVLIAE ALPES

LAPIDES, ET CARNI.

Ex Bibliotheca Nobilis et doctissimi Ioannis Sambuci, Imperatoriæ Mat.s Historici. 1573.

CARNIOLAE PARS.

MARCHIAE TREVIGIANAE PARS.

TERGESTINVS SINVS.

FLANATICVS SINVS.

Scala milliarium Italicorum 1000 passuum.
10   20   30   40

SEP. ORI. OCC. MER.

GERARD DE JODE, „SPECULUM ORBIS TERRARUM"

Gerard de Jode war neben Abraham Ortelius und Gerard Mercator der bedeutendste Kartograph des späten 16. Jahrhunderts. Er hat sich um 1560 als Kupferstecher und Verleger in Antwerpen niedergelassen und druckte am Anfang mehrere Karten anderer Autoren, bevor er sich selbst als Kartograph betätigte. 1578 wurde sein „Speculum Orbis Terrarum" („Spiegel der ganzen Welt") fertig, ein Atlas mit 64 Karten, herausgegeben und mit ausführlichen Beschreibungen versehen vom Gelehrten aus Württemberg, Daniel Cellarius. Dank erfahrener Kupferstecher – neben de Jode waren es unter anderem die Brüder Joannes und Lucas Doetecum – entstanden Karten von hoher Qualität. Der wirtschaftliche Erfolg blieb trotzdem aus, vor allem im Vergleich zu Ortelius: während „Theatrum Orbis Terrarum" auf über 40 Ausgaben kam, erreichte de Jodes „Speculum" nur zwei Ausgaben. Auch wenn diese zweite Ausgabe („Speculum Orbis Terrae"), die 1593 posthum erschienen ist und von seinem Sohn Cornelis de Jode herausgebracht wurde, bereits an die 100 Karten enthielt, konnte sie bei weitem nicht der Konkurrenz von Ortelius standhalten.

Heute werden die Karten von de Jode im Allgemeinen höher geschätzt als jene von Ortelius, sowohl wegen ihrer besonderen Ausführung als auch wegen ihrer Seltenheit.

In der Sammlung Lerchbaumer befinden sich fünf Exemplare der Karte von Kärnten, die auch bei de Jode nach dem Vorbild von Wolfgang Lazius entstanden ist. Sie befindet sich zusammen mit der Karte von der Steiermark, die ebenfalls von Lazius stammt, auf einer Doppelblatt-Tafel. Aus den beiden Ausgaben, der ersten von 1578 und der zweiten von 1593, sind jeweils ein koloriertes und ein unkoloriertes Blatt (Kat.-Nr. 16 und 17) enthalten. Ein fünftes, prachtvoll koloriertes Exemplar aus der zweiten Ausgabe dient in diesem Buch als Einbandillustration. Die Region rund um Kärnten ist außerdem mit den bekannten Karten von Augustin Hirschvogel (Kat.-Nr. 18) und Markus Setznagel (Kat.-Nr. 19) vertreten, die beide auch im Ortelius-Atlas vorkommen und hier in anspruchsvollen Neubearbeitungen zu finden sind.

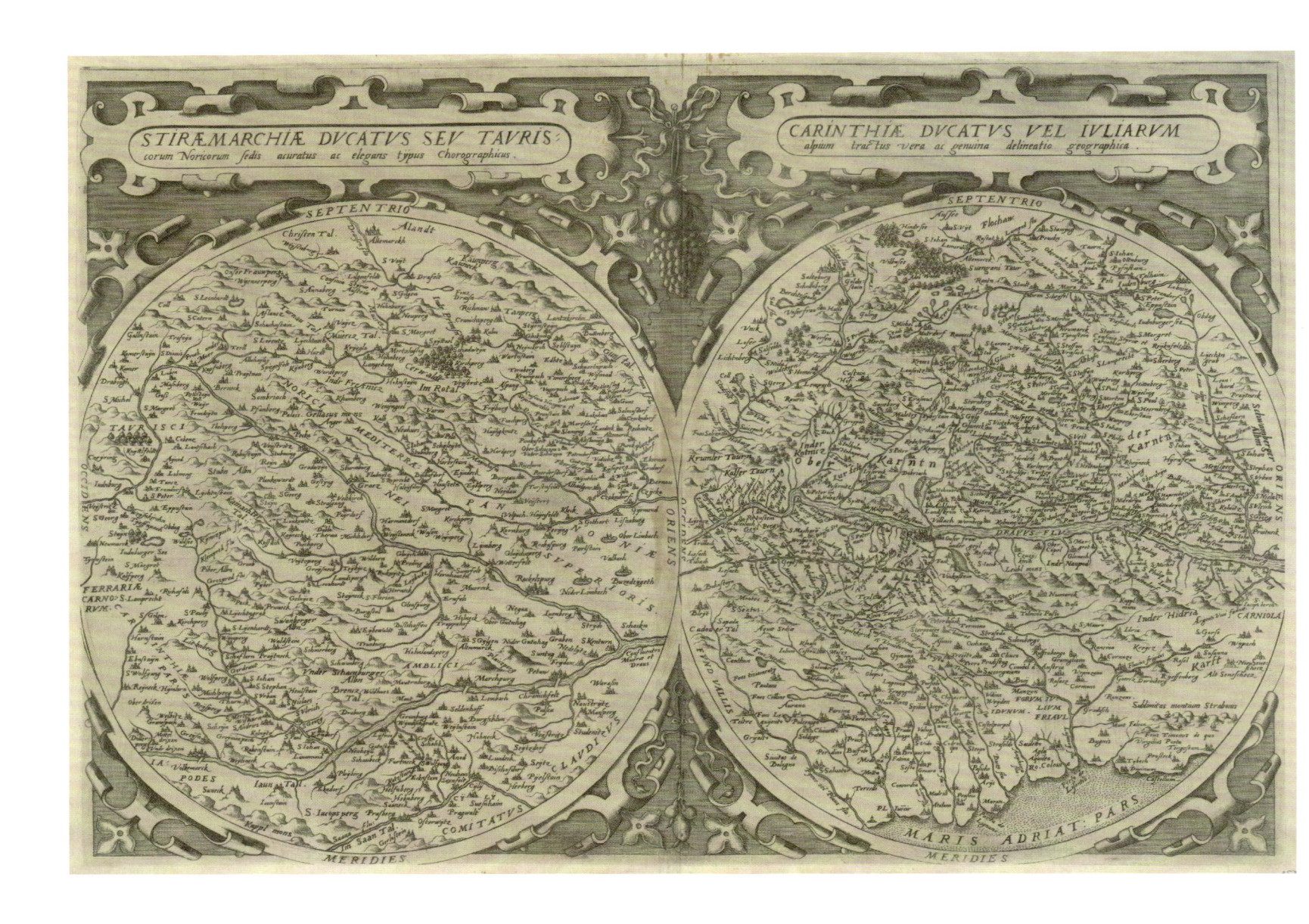

WOLFGANG LAZIUS / GERARD DE JODE

„Stiraemarchiae ducatus seu Tauriscorum Noricorum sedis acuratus ac elegans typus chorographicus" / „Carinthiae ducatus vel Iuliarum alpium tractus vera ac genuina delineatio geographica".
Antwerpen, Gerard de Jode, 1578.

Kupferstich, 36 × 52 cm

Aus „Speculum Orbis Terrarum" von Gerard de Jode. Die Darstellungen der Steiermark und Kärntens haben die Lazius-Karten der beiden Länder aus 1561 als Vorbild. Im Gegensatz zu Abraham Ortelius (Kat.-Nr. 10), der nur den mittleren Teil der Karte übernommen hat, bleibt de Jode der Vorlage weitgehend treu, ausgenommen einige Weglassungen, die wegen des kleineren Formats notwendig waren. Von dieser ersten Ausgabe sind ein unkoloriertes und ein schönes altkoloriertes Exemplar in der Sammlung vorhanden.

Lit.:
Wutte, Kärnten im Kartenbilde der Zeiten 53
Höck/Leitner, Kärnten in alten Landkarten bis 1809 22
Dörflinger/Wagner/Wawrik, Descriptio Austriae 80
Van der Krogt, Koeman's Atlantes Neerlandici 2725 / 2730:32 / 32:01,(40)

17

WOLFGANG LAZIUS / GERARD DE JODE

„Stiraemarchiae ducatus seu Tauriscorum Noricorum sedis acuratus ac elegans typus chorographicus" / „Carinthiae ducatus vel Iuliarum alpium tractus vera ac genuina delineatio geographica".
Antwerpen, Cornelis de Jode, 1593.

Kupferstich, koloriert, 36 × 52 cm

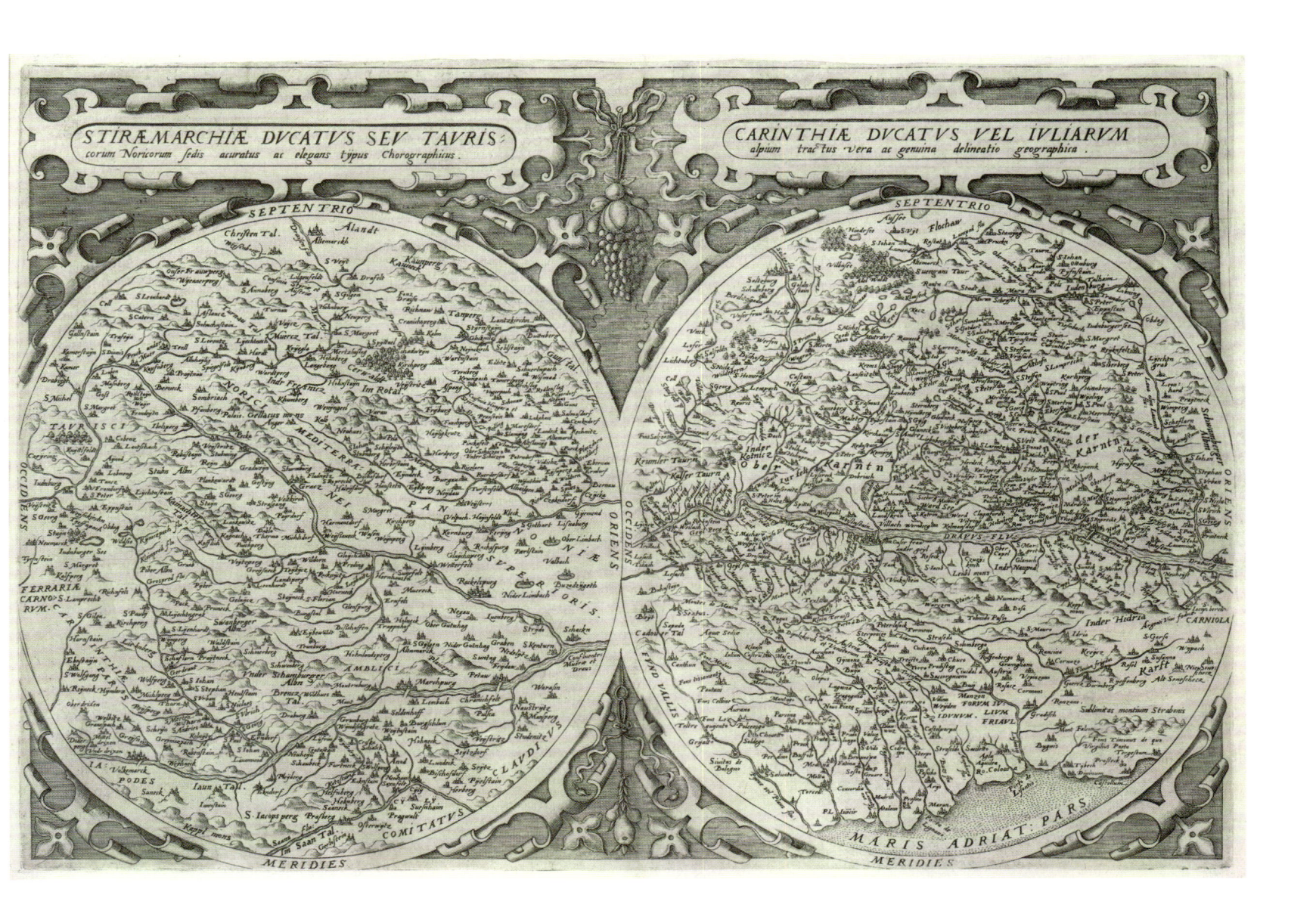

Aus „Speculum Orbis Terrae" von Cornelis de Jode, nach der Vorlage von Wolfgang Lazius. Von dieser Ausgabe besitzt die Sammlung ebenfalls zwei Exemplare – ein koloriertes und ein unkoloriertes. Cornelis de Jode, der die Arbeit seines Vaters Gerard fortgesetzt hat, starb bereits im Alter von 32 Jahren, was sicher große Auswirkung auf das weitere Schicksal von de-Jode-Karten gehabt hat.

Lit.:
Van der Krogt, Koeman's Atlantes Neerlandici 2725/2730:32/32:02,(53)

18

AUGUSTIN HIRSCHVOGEL / GERARD DE JODE

„Illirici seu Sclavoniae, continentis Croatiam, Carniam, Istriam, Bosniam".
Antwerpen, Gerard de Jode, 1578.

Kupferstich, koloriert, 30 × 51,5 cm

Aus „Speculum Orbis Terrarum" von Gerard de Jode. Die Hirschvogel-Karte, entstanden 1539, wird hier etwas anders dargestellt als bei Abraham Ortelius (Kat.-Nr. 13). Sie reicht weiter in den Osten, wenn auch nicht so weit, wie es die Angaben in der Titelleiste suggerieren, die vermutlich noch von Hirschvogel stammen.

Lit.:
Van der Krogt, Koeman's Atlantes Neerlandici 7601:32

MYSIAM HANC SVPERIOREM DACIÆQVE PARTEM, LIBVRNIAM DALMATIAMQVE
ac Sauiam. seu Saui fl ripas Beßi qui nunc Bosni dic ti ex inferiori Mysia a Bulgaris eiec ti occuparunt poßidentque: ac Getarum gentes creduntur.
SEPTENTRIO
MERIDIES
OCCIDENS
ORIENS
STEIRMARCK
HVNGARIAE PARS
KERNTEN
OBER KRAYN
WINDISCH MAR
WINDISCH LANDT
CILLI
CRABATEN
KARSTISREICH
KLEIN BOSSEN
BERWOSSN
SIRVAI
MARE ADRIATICVM
VEGLA
Scala Miliarium
1 2 3 4 5 6 7 8
ILLIRICI SEV SCLAVONIÆ. CONTINENTIS Croatiam. Carniam. Istriam. Bosniam. eisquæ conterminas prouincias, recens ac emendatus typus. Auctore Augustino Hirsvogelio.

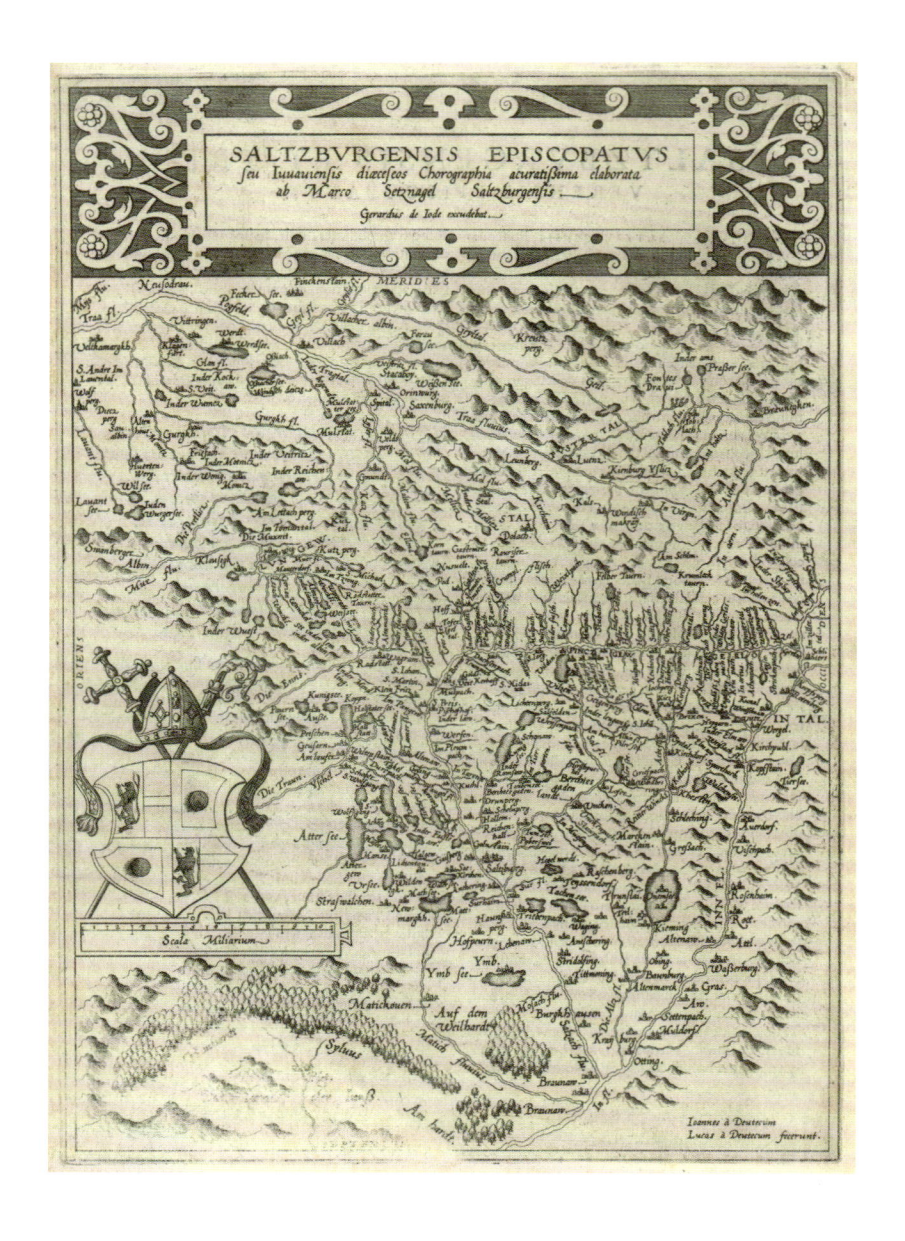

19

MARKUS SETZNAGEL / GERARD DE JODE

„Saltzburgensis Episcopatus seu Iuvaviensis dioeceseos Chorographia acuratißima".
Antwerpen, Cornelis de Jode, 1593.

Kupferstich, 35,5 × 25 cm

Aus „Speculum Orbis Terrae" von Cornelis de Jode, gestochen von Joannes und Lucas Deutecum. Die Karte von Markus Setznagel hat auch bei de Jode, ähnlich wie in der zweiten Variante von Ortelius (Kat.-Nr. 13), den Schwerpunkt auf dem topographischen Teil. Die einzige repräsentative Zugabe ist das, im zweiten Exemplar, schön kolorierte Wappen des Fürsterzbischofs von Salzburg, verbunden mit dem Familienwappen des damaligen Erzbischofs Wolf Dietrich von Raitenau. Die Himmelsrichtungen wurden hier um 90° nach rechts gedreht, so dass Kärnten jetzt im oberen Teil der Karte zu finden ist.

Lit.:
Schaup, Salzburg auf alten Landkarten 1551–1886/87 1.4.2
Van der Krogt, Koeman's Atlantes Neerlandici 2720:32 / 32:02,(55)

SALTZBVRGENSIS EPISCOPATVS
seu Iuuauiensis diœcesos Chorographia acuratissima elaborata ab Marco Setznagel Saltzburgensis

Gerardus de Iode excudebat

Scala Miliarium

Ioannes à Deutecum
Lucas à Deutecum fecerunt.

GERARD MERCATOR, JODOCUS HONDIUS, JOANNES JANSSONIUS, WILLEM BLAEU

Gerard Mercator wurde 1512 als Gheert Cremer (oder Gerard de Kremer) in Rupelmonde in Flandern geboren und befasste sich schon früh mit Kartographie und Globenkunde. Als Schüler und Mitarbeiter von Gemma Frisius, einem der bekanntesten Naturwissenschaftler der damaligen Zeit, war er an der Herstellung von dessen Erd- und Himmelsgloben beteiligt. Gleichzeitig schuf Mercator seine ersten Karten und entwickelte sich allmählich selbst zum Globenspezialisten. 1551 wurde er als Professor der Kosmographie nach Duisburg berufen.

Ein wichtiger Schritt in seiner Karriere war 1569 die große Weltkarte, mit der er auch als Kartograph Berühmtheit erlangt hat. Zur gleichen Zeit erfand er eine neue Projektion zur winkeltreuen Abbildung der Erdoberfläche („Mercator-Projektion"), die in der Folge viel zur genaueren Bestimmung topographischer Daten beigetragen hat. Sein Hauptwerk aber wurde die umfangreiche Weltbeschreibung „Atlas, sive Cosmographicae meditationes de fabrica mundi et fabricati figura" („Atlas, oder kosmographische Betrachtungen über die Schöpfung der Welt und die Form derselben"), die er nach Jahrzehnten wissenschaftlicher und kartographischer Arbeit kurz vor seinem Tod 1594 fertig gestellt hat. Die Bezeichnung „Atlas", nach dem mythischen König Atlas von Mauretanien, den Mercator für das Sinnbild eines Himmelforschers hielt, wurde da zum ersten Mal im Titel einer publizierten Kartensammlung verwendet und blieb, dank Mercators Bedeutung, bis heute als der Name dafür bestehen.

Die erste Ausgabe, die 1595 in Duisburg sein Sohn Rumold herausgegeben hat, enthielt 85 Karten. 1602 gab der Enkel Gerard Mercator junior noch einmal denselben Atlas heraus, bevor ab 1606 der Kartenverleger aus Amsterdam Jodocus Hondius und seine Nachfolger für weitere Auflagen sorgten. Der Erfolg vom Mercators Werk bestimmte anschließend nachhaltig die Kartographie in der ersten Hälfte des 17. Jahrhunderts: neben Hondius war es auch der mit ihm verwandte Joannes Janssonius mit Nachfolgern, der maßgeblich an der Verbreitung beteiligt war. Ein weiterer Kartenverleger aus Amsterdam, Willem Blaeu, der einen großen Teil der Druckplatten aus dem Nachlass von Jodocus Hondius erwarb, wurde ebenfalls, wie auch seine Nachfolger, mit den Karten von Mercator berühmt.

Kärnten ist bei Mercator in erster Linie auf einer gemeinsamen Karte mit Salzburg dargestellt. In der Sammlung Lerchbaumer befinden sich alle wichtigen Ausgaben dieser Karte: sieben davon sind in damals für Atlanten üblichen Folio-Format (Kat.-Nr. 20–26) erschienen, weitere sechs stammen aus den verschiedenen Ausgaben von „Atlas Minor" (Kat.-Nr. 31–36), einer handlichen Version des großen Atlas. Aus dem großen stammen noch die Karten von Steiermark (Kat.-Nr. 27), Friaul (Kat.-Nr. 28) und Friaul mit Krain und Istrien (Kat.-Nr. 29 und 30).

20

GERARD MERCATOR

„Saltzburg archiepiscopatus cum ducatu Carinthiae".
Amsterdam, Jodocus (II.) Hondius, 1619.

Kupferstich, koloriert, 34 × 47,5 cm

Aus einer französischen Ausgabe des „Atlas sive Cosmographicae meditationes" von Gerard Mercator. Die Karte ist bereits 1585 entstanden und gilt als eine der wichtigsten frühen Karten von Kärnten, die vielen nachfolgenden Kartographen als Vorbild gedient hat. Mercator selbst orientierte sich bei ihrer Herstellung an Wolfgang Lazius und an Markus Setznagel.

Lit.:
Wutte, Kärnten im Kartenbilde der Zeiten 54
Höck/Leitner, Kärnten in alten Landkarten bis 1809 24
Dörflinger/Wagner/Wawrik, Descriptio Austriae 87
Schaup, Salzburg auf alten Landkarten 1551–1886/87 2.1.1.2
Van der Krogt, Koeman's Atlantes Neerlandici 2720:1A.1 / 1:113,109

SALTZBVRG
archiepiscopatus
cum ducatu
CARINTHIÆ

21

GERARD MERCATOR / HENRICUS HONDIUS

„Saltzburg archiepiscopatus cum ducatu Carinthiae".
Amsterdam, Henricus Hondius & Joannes Janssonius, 1636.

Kupferstich, koloriert, 34 × 47,5 cm

Aus einer englischen Ausgabe des Mercator-Atlas („Atlas or a Geographicke Description of the World"). Neben dem Namen von Mercator erscheint hier im Impressum auch jener von Henricus Hondius, der zusammen mit Joannes Janssonius den Atlas neu herausgebracht hat. Dieser „Mercator-Hondius-Janssonius" genannte Atlas erlebte unter der Partnerschaft beider Kartographen- und Verleger-Familien zahlreiche Auflagen in mehreren Sprachen. Die Druckplatte für diese Karte entstand bereits 1627.

Lit.:
Van der Krogt, Koeman's Atlantes Neerlandici 2720:1A.1 / 1:113,109

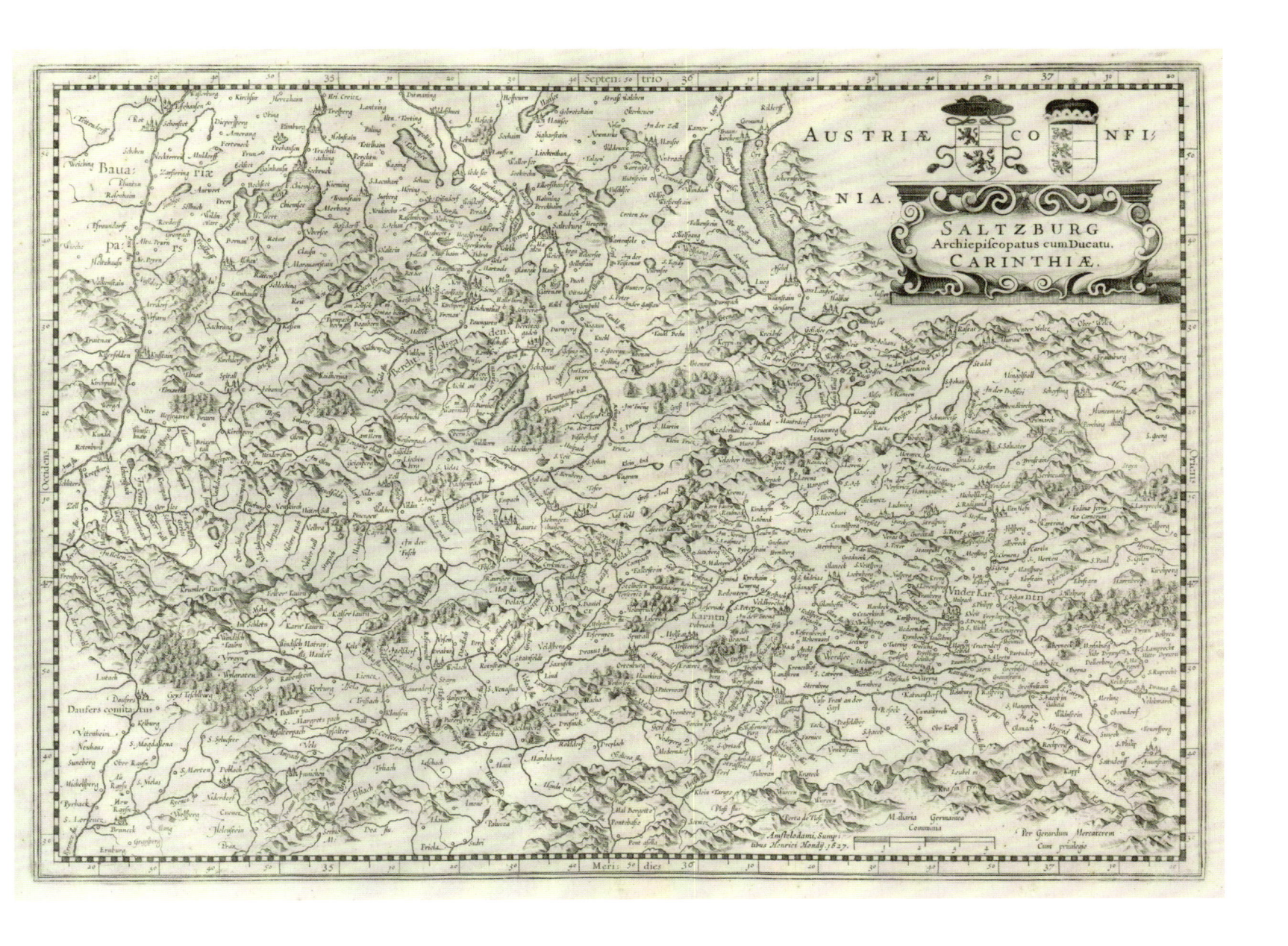

22

GERARD MERCATOR / HENRICUS HONDIUS

„Saltzburg Archiepiscopatus cum Ducatu Carinthiae".
Amsterdam, Henricus Hondius & Joannes Janssonius, [um 1638].

Kupferstich, 34 × 47, 5 cm

Die Karte von Henricus Hondius aus 1627 erscheint hier mit einer neuen Kartusche, die ganz selten verwendet wurde. Die genaue Datierung lässt sich nicht feststellen, da sie, anders als sonst üblich, ohne den dazugehörenden Text auf der Rückseite erschienen ist. In der Bibliographie von Schaup wird sie als die „weitaus seltenste Form aller Bearbeitungen der Mercator-Karte" bezeichnet.

Lit.:
Schaup, Salzburg auf alten Landkarten 1551–1886/87 2.1.2
Van der Krogt, Koeman's Atlantes Neerlandici 2720:1A.3/1:401,(102)

23

GERARD MERCATOR / JOANNES JANSSONIUS

„Saltzburg Archiepiscopatus cum ducatu Carinthiae".
Amsterdam, Joannes Janssonius, 1639.

Kupferstich, koloriert, 38 × 49,5 cm

Aus „Nouveau Theatre du Monde ou Nouvel Atlas", einer Ausgabe des neuen dreibändigen Janssonius-Atlas in Französisch. Die Karte wurde von Henricus Hondius neu gestochen, etwas vergrößert und mit einer barocken Kartusche im Stil der Zeit ausgestattet. Zum ersten Mal mit dem Namen von Janssonius an der Stelle, wo sich seit der Erstausgabe 1585 immer Mercators Name befand.

Lit.:
Schaup, Salzburg auf alten Landkarten 1551–1886/87 2.1.3
Van der Krogt, Koeman's Atlantes Neerlandici 2720:1B.1

SALTZBURG Archiepiscopatus cum ducatu CARINTHIÆ CONFINIA.

24

GERARD MERCATOR / WILLEM BLAEU

„Saltzburg Archiepiscopatus et Carinthia Ducatus".
Amsterdam, Willem & Joan Blaeu, 1635.

Kupferstich, koloriert, 38 × 50 cm

Aus „Le Theatre du Monde ou Nouvel Atlas" von Willem Blaeu, mit französischem Text. Neuherausgabe der Mercator-Karte von Salzburg und Kärnten durch einen der bekanntesten Kartographen der damaligen Zeit. Typisch für seine Version ist die Kartusche mit den beiden Landeswappen und die umrahmte Titelleiste, in der auch der Name von Mercator prominent vorkommt, genau 50 Jahre nach der Erstausgabe. Seinen eigenen Namen hat Blaeu an der gleichen Stelle im unteren Teil eingetragen, wo früher der Name von Mercator gestanden ist.

Lit.:
Wutte, Kärnten im Kartenbilde der Zeiten 54
Höck/Leitner, Kärnten in alten Landkarten bis 1809 25
Schaup, Salzburg auf alten Landkarten 1551–1886/87 2.2
Van der Krogt, Koeman's Atlantes Neerlandici 2720:2/2:111.2,(46)

SALTZBURG ARCHIEPISCOPATUS, et CARINTHIA DUCATUS. Auct. Ger. Mercatore.

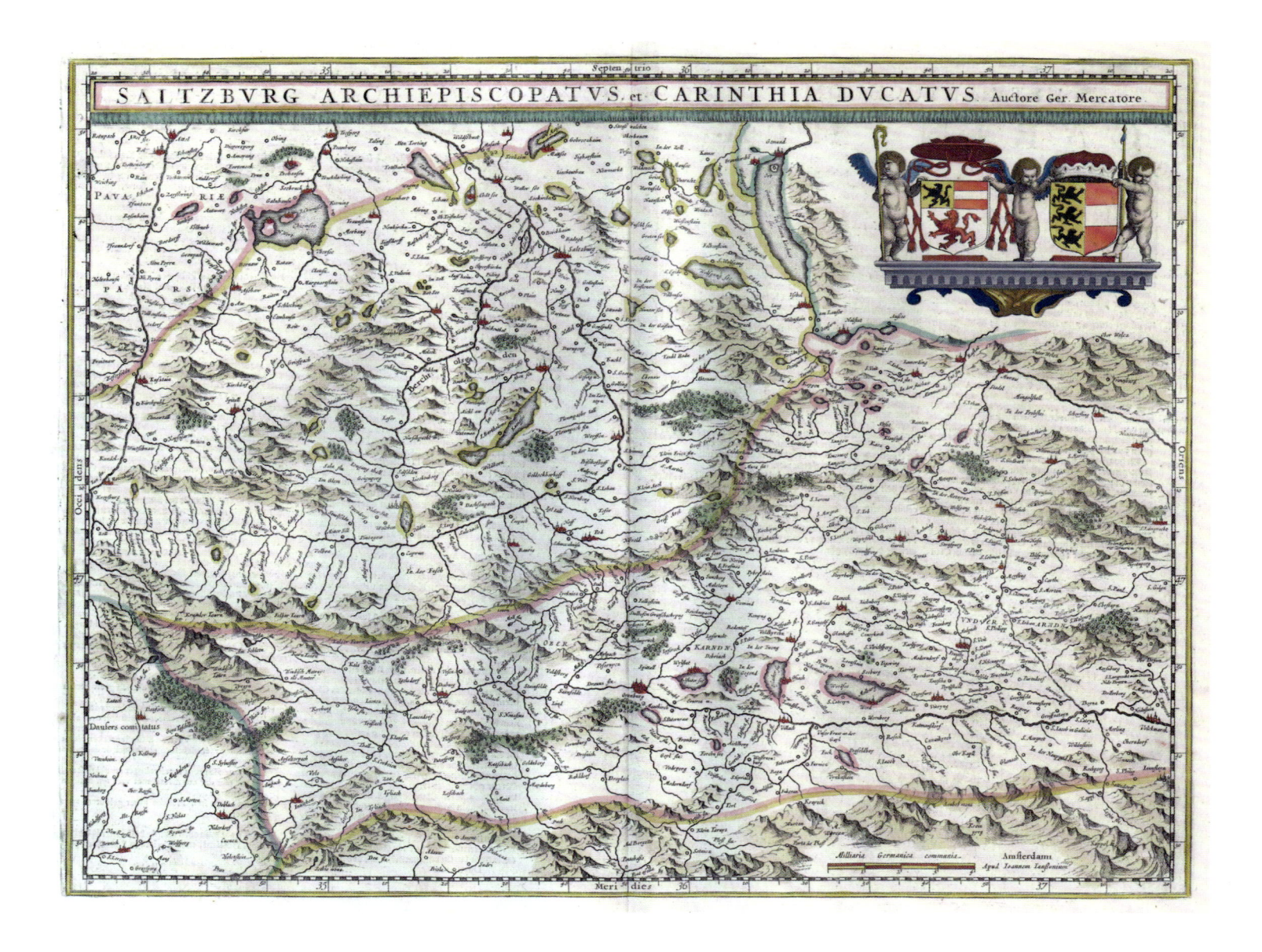

25

GERARD MERCATOR / JOANNES JANSSONIUS

„Saltzburg Archiepiscopatus et Carinthia Ducatus".
Amsterdam, Joannes Janssonius, 1645.

Kupferstich, koloriert, 37,5 × 49,5 cm

Aus „Nieuwen Atlas" von Joannes Janssonius, der niederländischen Ausgabe des „Novus Atlas". Mit der Wappen-Kartusche und der Titelleiste, wie sie üblicherweise nur auf der gleichen Karte von Blaeu vorkommen (Kat.-Nr. 24), aber mit dem Impressum von Janssonius. Hier haben wir ein Beispiel für das gegenseitige „Ausleihen" von Ideen, in der Zeit, als es noch kein Urheberrecht im heutigen Sinne gab.

Lit.:
Schaup, Salzburg auf alten Landkarten 1551–1886/87 2.1.4
Van der Krogt, Koeman's Atlantes Neerlandici 2720:1.B2 / 1:433.1J,95

26

GERARD MERCATOR / MOSES PITT

„Saltzburg Archiepiscopatus et Carinthia Ducatus".
Oxford, Printed at the Theatre for Moses Pitt, 1683.

Kupferstich, koloriert, 38 × 49,5 cm

Aus „The English Atlas" von Moses Pitt. Leicht überarbeitete Janssonius-Druckplatte, ohne seinen Namen und mit einem für Mercators Karten untypischen Koordinatennetz. Pitt hat seinen Atlas nach dem Vorbild von Blaeu und Janssonius als mehrbändiges Werk konzipiert und am Anfang damit auch Erfolge erzielt. Zu hohe Druckkosten ließen dieses Vorhaben scheitern und Moses Pitt landete wegen seiner Schulden sogar im Gefängnis.

Lit.:
Schaup, Salzburg auf alten Landkarten 1551–1886/87 2.1.4.2
Van der Krogt, Koeman's Atlantes Neerlandici 2720:1B.3/1:451.3,12

27

GERARD MERCATOR / JOANNES JANSSONIUS

„Stiria".
Amsterdam, Joannes Janssonius, 1632.

Kupferstich, koloriert, 30,5 × 42 cm

Ein schönes Exemplar der Steiermark-Karte von Mercator. Hier ist auch jener Teil von Kärnten erfasst, der bei der Salzburg/Kärnten-Karte (Kat.-Nr. 20) keinen Platz gefunden hat – sie reichte im Osten nur bis Völkermarkt. Aus „Theatrum Imperii Germanici" von Janssonius, einer Ausgabe ohne Text auf der Rückseite.

Lit.:
Wawrik/Zeiliger, Austria picta 47–50
Van der Krogt, Koeman's Atlantes Neerlandici 2730:1A.1 / 1:221,13

STIRIA

28

GERARD MERCATOR / JOANNES JANSSONIUS

„Patria del Friuli olim Forum Iulii".
Amsterdam, Joannes Janssonius, 1639.

Kupferstich, koloriert, 37,5 × 48,5 cm

Aus „Nouveau Theatre du Monde ou Nouvel Atlas", der Ausgabe in Französisch des neuen dreibändigen Janssonius-Atlas. Am oberen Rand befinden sich Teile Kärntens, mit angedeuteten Grenzen zwischen dem Kanaltal, dem Eisental und dem Bambergischen Besitz, die eine wichtige Rolle als Verbindung zwischen dem Norden und dem Süden gespielt haben.

Lit.:
Van der Krogt, Koeman's Atlantes Neerlandici 7171:1B,1/1:411.3B-E

PATRIA DEL FRIVLI olim FORVM IVLII.

Amstelodami,
Sumptibus
Ioannis Ianssonii

Milliaria Italica communia
Milliaria Germanica communia

29

GERARD MERCATOR/JOANNES JANSSONIUS

„Forum Iulium, Karstia, Carniola, Histria et Windorum Marchia".
Amsterdam, Joannes Janssonius, 1633.

Kupferstich, koloriert, 34,5 × 47,5 cm

Aus „Atlas, das ist Abbildung der gantzen Welt", einer deutschsprachigen Mercator-Ausgabe. Imposante Darstellung der Nachbarländer Kärntens im Süden, mit der Drau als Grenze am oberen Rand. Eine der früheren Karten von Mercator, entstanden 1589.

Lit.:
Van der Krogt, Koeman's Atlantes Neerlandici 7170:1A.1/1:321,142

30

GERARD MERCATOR/WILLEM BLAEU

„Karstia, Carniola, Histria et Windorum marchia".
Amsterdam, Joan & Cornelis Blaeu, 1642.

Kupferstich, koloriert, 38,5 × 50 cm

Aus „Tooneel des Aerdricx ofte Nieuwe Atlas", der niederländischen Ausgabe von „Le Theatre du Monde ou Nouvel Atlas" von Joan Blaeu. Die benachbarte Region südlich der Drau ist hier in etwas größerem Maßstab dargestellt als auf der ursprünglichen Mercator-Karte dieser Gegend (Kat.-Nr. 29).

Lit.:
Van der Krogt, Koeman's Atlantes Neerlandici 2740:2.1/2:221,1E,57

DIE KLEINFORMATIGEN ATLANTEN UM 1600

Der verkleinerte Mercator-Atlas („Atlas Minor"), 1607 zum ersten Mal von Jodocus Hondius herausgegeben, gehört zu den interessantesten kartographischen Erzeugnissen am Anfang des 17. Jahrhunderts. Schon davor machten einige Kölner Kartenverleger mit ähnlichen Formaten auf sich aufmerksam. Hier ist in erster Linie „Itinerarium Orbis Christiani" zu erwähnen, ein Reiseatlas mit ursprünglich 84 Karten, oft als der älteste Reiseatlas der Welt bezeichnet. Als sein Herausgeber gilt der französische Geograph Jean Matal bzw. Johannes Metellus (ca. 1517–1597). Neben diesen beiden Atlanten gab es vereinzelt auch andere Werke mit kleineren Landkarten (Kat.-Nr. 36, Kat.-Nr. 43–44), die manchmal auch in Form von Spielkarten ihre Verbreitung fanden (Kat.-Nr. 45).

Kärnten und Umgebung kommen in diesen Publikationen oft vor, zuerst im „Itinerarium Orbis Christiani", mit einer neuen Variante der Lazius-Karte (Nr. 31 und 32) und mit einer gemeinsamen Karte von Salzburg und Kärnten (Kat.-Nr. 33). Dazu kommt eine Karte der gesamten Alpenregion (Kat.-Nr. 35) sowie zwei Salzburg/Kärnten-Karten von Markus Setznagel (Kat.-Nr. 34 und 42). Mercators „Atlas Minor" bietet in erster Linie die bekannte Karte des Erzbistums Salzburg mit dem Herzogtum Kärnten in verkleinerter Form an. Sie ist in der Sammlung Lerchbaumer in verschiedenen Ausgaben vorhanden (Kat.-Nr. 37–41).

31

[JOHANNES METELLUS]

„Carinthia. Karntn. Carinthie".
Köln, [Johannes Metellus], 1579/1580.

Kupferstich, koloriert, 13 × 18 cm

Aus „Itinerarium Orbis Christiani", einem kleinformatigen Atlas, der Johannes Metellus zugeschrieben wird. Die Druckplatte stammt mit ziemlicher Sicherheit von Frans Hogenberg, einem der bekanntesten Kupferstecher seiner Zeit, der 1572 zusammen mit Georg Braun den Städteatlas „Civitates Orbis Terrarum" herausgebracht hat. Das Vorbild für diese Karte ist einmal mehr die Karte von Wolfgang Lazius.

Lit.:
Wutte, Kärnten im Kartenbilde der Zeiten 53
Höck/Leitner, Kärnten in alten Landkarten bis 1809 23
Meurer, Atlantes Colonienses, loc 12
Schuler, Der älteste Reiseatlas der Welt 247

32

JOHANNES METELLUS

„Carinthia. Karntn. Carinthie".
Köln, Johann Christoffel, 1598.

Radierung, 13 × 18 cm

Aus „Germania Superior 38, inferior quae etiam Belgium dicitur 16 tabulis aeneis descripta", einem ausführlichen Atlas von Deutschland mit den benachbarten Regionen im Westen, herausgegeben von Johannes Metellus. Darin befanden sich auch viele Karten, die zuvor im „Itinerarium Orbis Christiani" erschienen sind. Bei dieser zweiten Ausgabe trägt das Blatt mit der Kärnten-Karte am unteren Rand die zusätzlich gestochene Seitenzahl 64.

Lit.:
Meurer, Atlantes Colonienses, Met 120

33

[JOHANNES METELLUS]

„Episcopatus Salczburgensis".
Köln, [Johannes Metellus], 1579/1580.

Kupferstich, koloriert, 13,5 × 16 cm

Aus „Itinerarium Orbis Christiani", zugeschrieben Johannes Metellus und dem Kupferstecher Frans Hogenberg. Die ursprüngliche Vorlage stammt von Markus Setznagel (Kat.-Nr. 11 und 12). Hier befindet sich Kärnten im unteren Teil der Karte, in einer ähnlichen Anordnung wie bei Mercator (Kat.-Nr. 20).

Lit.:
Schaup, Salzburg auf alten Landkarten 1551–1886/87 1.3.1
Meurer, Atlantes Colonienses, loc 64
Schuler, Der älteste Reiseatlas der Welt 243

34

MARKUS SETZNAGEL / MATTHIAS QUAD

„Salisburgensis Jurisdictionis locorumque vicinorum vera descriptio".
Köln, Johannes Bussemacher, 1594.

Kupferstich, koloriert, 18 × 26,5 cm

Aus „Europae totius orbis terrarum partis praestantissimae, universalis et particularis descriptio", einem Handatlas von Matthias Quad, der zu den bekanntesten Namen der Kölner Schule der Kartographie zählt. Die Karte ist nach der gleichnamigen Vorlage aus dem Ortelius-Atlas (Kat.-Nr. 11 und 12) entstanden, die Druckplatte wurde 1590 vom Kölner Zeichner und Kupferstecher Heinrich Nagel angefertigt.

Lit.:
Schaup, Salzburg auf alten Landkarten 1551–1886/87 1.3.3
Dörflinger/Wagner/Wawrik, Descriptio Austriae 70
Meurer, Atlantes Colonienses, Qua 14

35

GIOVANNI BOTERO

„Austria, Styria, Carinthia, Tyrol, Craina, Corithia, Windorum Marchia".
Köln, Lambert Andrea, 1596.

Radierung, 18,5 × 28,5 cm

Eine um diese Zeit noch seltene Gesamtdarstellung des Alpenraumes, nach einer Vorlage von Mercator. Der Kartograph ist nicht überliefert, während die Druckplatte mit ziemlicher Sicherheit aus der Werkstatt von Frans Hogenberg stammt.
Aus „Theatrum, oder Schawspiegel: darin alle Fürsten der Welt", einer deutschen Bearbeitung des bekannten humanistischen Standardwerks „Relationi universali" von Giovanni Botero, die im italienischen Original noch ohne Karten erschienen ist.

Lit.:
Meurer, Atlantes Colonienses, Bot 2,7

36

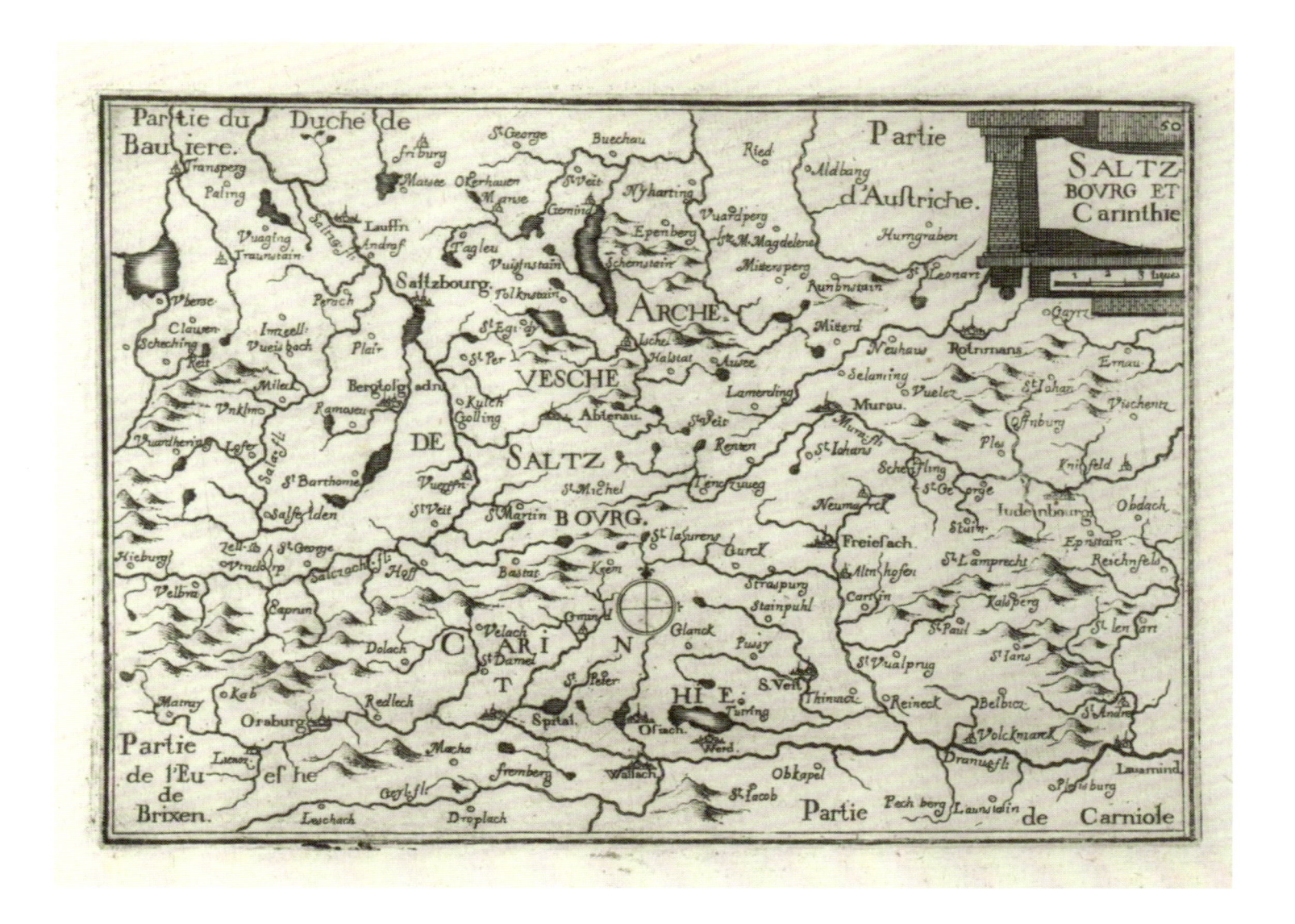

CHRISTOPHE TASSIN

„Saltzbourg et Carinthie".
Paris, Michael van Lochum, 1638.

Kupferstich, 10,5 × 15,2 cm

Aus „Cartes generales des royaumes et provinces de la haute et basse Allemagne", einem kleinen Atlas deutscher Länder von Christophe Tassin, der als königlicher Ingenieur und Geograph in der ersten Hälfte des 17. Jahrhunderts in Paris tätig war.

Lit.:
Schaup, Salzburg auf alten Landkarten 1551–1886/87 2.4.5.1

37

GERARD MERCATOR / JODOCUS HONDIUS

„Saltzburg/Carinthia".
Amsterdam, Jodocus Hondius, 1608.

Kupferstich, koloriert, 14,5 × 18 cm

Aus „Atlas Minor" von Gerard Mercator, Ausgabe in französischer Sprache. Nach dem großen Erfolg seiner ersten dreibändigen Mercator-Ausgabe brachte Hondius diese verkleinerte Version auf den Markt. In den folgenden Jahren erschienen neben der lateinischen und französischen Ausgabe auch Ausgaben in der niederländischen, deutschen, englischen, russischen und türkischen Sprache.

Lit.:
Schaup, Salzburg auf alten Landkarten 1551–1886/87 2.4.1
Van der Krogt, Koeman's Atlantes Neerlandici 2720:351 / 351:11,95

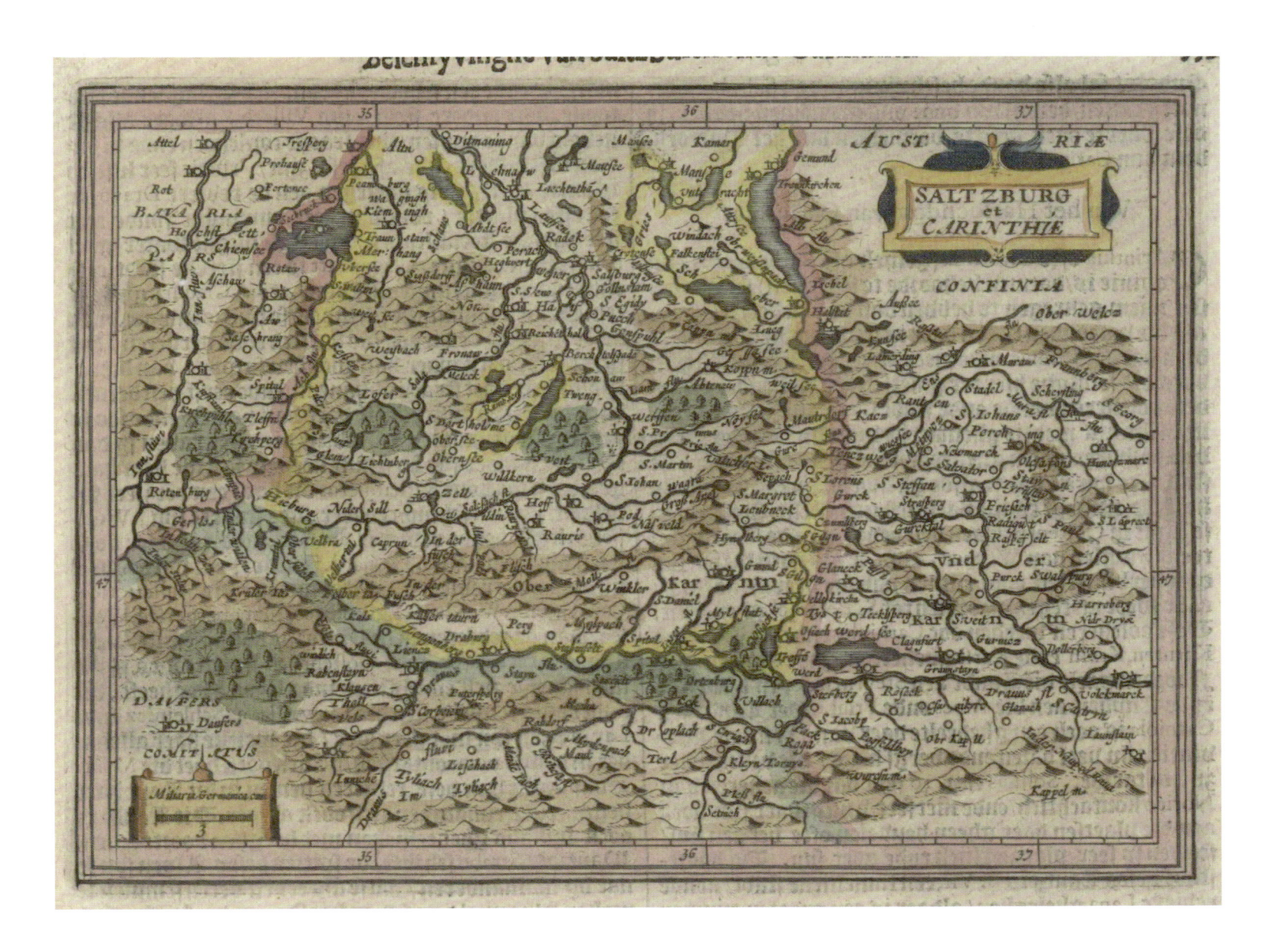

38

GERARD MERCATOR / JOANNES JANSSONIUS

„Saltzburg et Carinthie".
Amsterdam, Joannes Janssonius, 1630.

Kupferstich, koloriert, 13,5 × 18 cm

Aus „Atlas Minor" von Mercator, Ausgabe in Niederländisch, bei Janssonius leicht überarbeitet und mit einer neuen Kartusche versehen.

Lit.:
Schaup, Salzburg auf alten Landkarten 1551–1886/87 2.4.2
Van der Krogt, Koeman's Atlantes Neerlandici 2720:352.1 / 352:21,98

39

GERARD MERCATOR / PETRUS KAERIUS

„Saltzburg archiepiscopatus cum ducatu Carinthiae".
Amsterdam, Ian Evertsz Cloppenburg, 1632.

Kupferstich, koloriert, 18,5 × 25 cm

Aus „Atlas sive Cosmographicae meditationes" von Mercator, von Petrus Kaerius leicht überarbeitet und für die verkleinerte Ausgabe neu gestochen.

Lit.:
Schaup, Salzburg auf alten Landkarten 1551–1886/87 2.4.3
Van der Krogt, Koeman's Atlantes Neerlandici 2720:353 / 353:11,127

GERARD MERCATOR / PETRUS KAERIUS

„Saltzburg archiepiscopatus cum ducatu Carinthiae".
Amsterdam, Joannes Janssonius, 1673.

Kupferstich, koloriert, 18,5 × 25 cm

Aus einer späten Ausgabe von „Atlas sive Cosmographicae meditationes", noch einmal mit Karten von Petrus Kaerius. Hier handelt es sich um eine der Ausgaben ohne Text, erstmals auch ohne einen Hinweis auf Mercator, weder auf der Karte noch im Titel des Buches.

Lit.:
Schaup, Salzburg auf alten Landkarten 1551–1886/87 2.4.3
Van der Krogt, Koeman's Atlantes Neerlandici 2720:353 / 353:21,35

41

PETRUS BERTIUS

„Saltzburg et Carinthia".
Amsterdam, Jodocus Hondius, 1616/1618.

Kupferstich, 9,5 × 13,5 cm

Aus „Tabularum geographicarum contractarum libri septem", einem Taschenatlas des flämischen Philosophen und Kosmographen Petrus Bertius, mit der überarbeiteten Karte von Mercator. Dieselbe Karte kommt auch in der französischen Ausgabe von Bertius vor, die unter dem Titel „La géographie racourcie" ebenfalls 1618 bei Hondius erschienen ist.

Lit.:
Schaup, Salzburg auf alten Landkarten 1551–1886/87 2.4.4
Van der Krogt, Koeman's Atlantes Neerlandici 2720:342 / 342:01,119

42

PETRUS BERTIUS

„Salisburgensis Dioecesis".
Amsterdam, Cornelius Nikolai, 1602.

Kupferstich, 8,5 × 12,5 cm

Aus „Tabularum geographicarum contractarum libri quinque", dem Taschenatlas von Petrus Bertius, entstanden nach der Ortelius-Karte von Markus Setznagel (Kat.-Nr. 11).

Lit.:
Schaup, Salzburg auf alten Landkarten 1551–1886/87 1.2.2
Van der Krogt, Koeman's Atlantes Neerlandici 2720:341

43

JOHANN ULRICH MÜLLER

[„Kärnten"].
Ulm, Georg Wilhelm Kühnen, 1692.

Kupferstich, 6,5 × 8 cm

Aus „Geographia totius orbis" des bekannten deutschen Kartographen Johann Ulrich Müller, einer vollständigen Erdkunde in Miniaturform. Dieselbe Karte, unter dem Titel „Karinthia", erschien auch in der zweiten Ausgabe desselben Werkes („Atlas Menor / Neu-ausgefertigter Kleiner Atlas", 1702). Aus der zweiten Ausgabe stammt auch die Karte der Region rund um Kärnten, erstellt nach römischen Quellen („Vindelicia et Norici descriptio").

LXI

Kernten enthält:

1. Die Ertz-Hertzogliche Oesterreichische Güther/ darinnen weisen sich S. Veit/ Clagenfurth/ Gemünd/ Völkelmarck/ Lienz/ Straßburg und Mühlstatt.
2. Die Ertz-Bischöffliche Salzburgische Güther/ darinnen kommen für/ Friesach und S. Andre.
3. Die Bischöfflich-Bambergische Güther/ wo sich finden/ Villach/ Wolffsberg/ S. Leonhardt und Feldkirchen.
4. Die Herrschafft Sonneck. Und dann
5. Die Graffschafft Ortenburg.

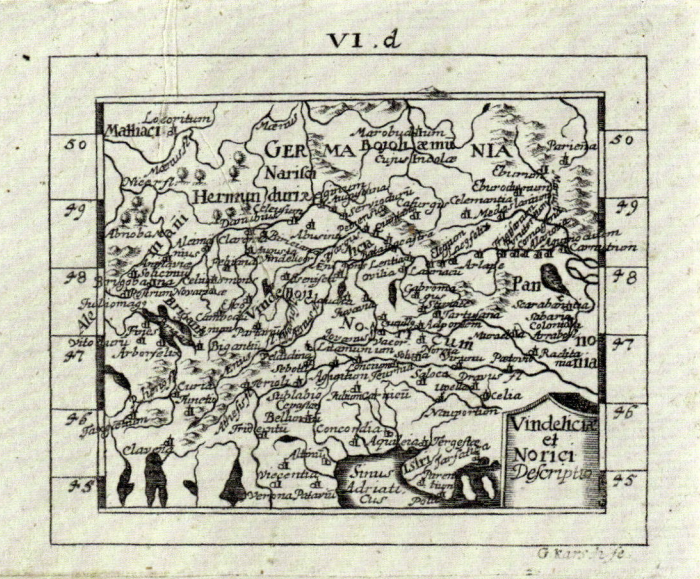

VI. d

Vindelicia hatte zu Einwohnern: Die Vindelicios, nebst denen Breunis, Genaunis und Licatibus.

Die Städte darinnen waren: Brigantium, Campidonum, Damasia, hernacher Augusta Vindelicorum genannt/ Batava Castra.

Noricum, so sich theilet: 1. In Ripense, darinnen lagen/ Bojodurum, Jovanam, Juvavum, Claudia Plinii ad Pontem. Und dann
2. Mediterraneum.

Rhætia, mit Tridento und Ponte Drusi.

44

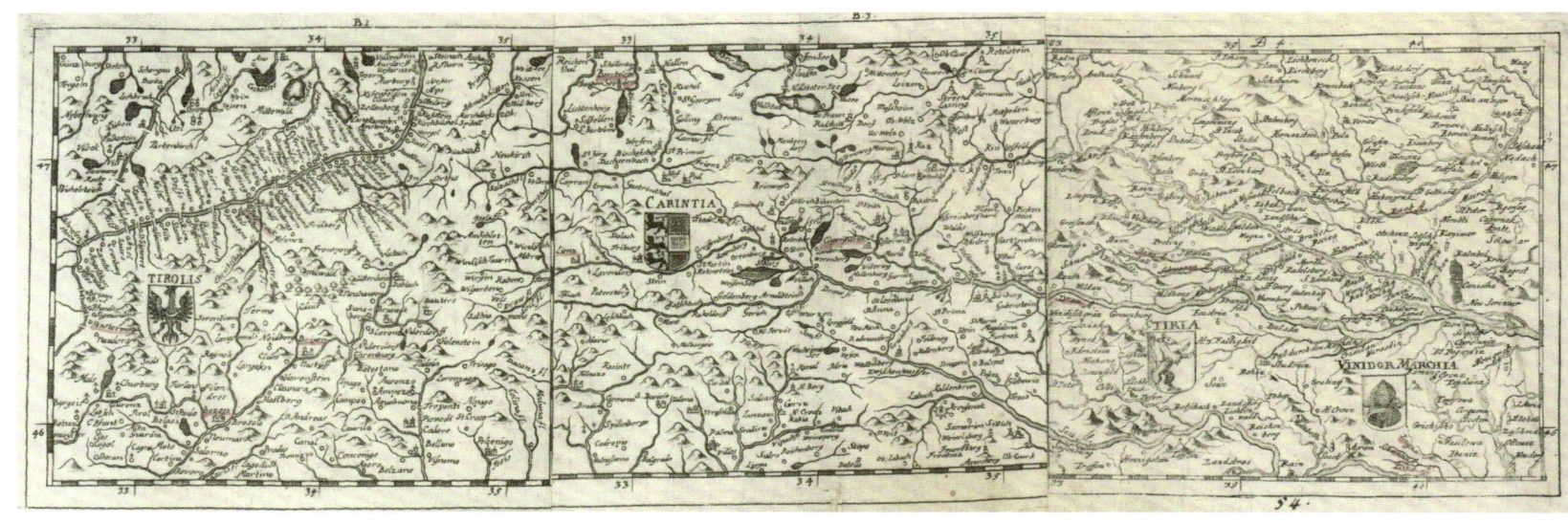

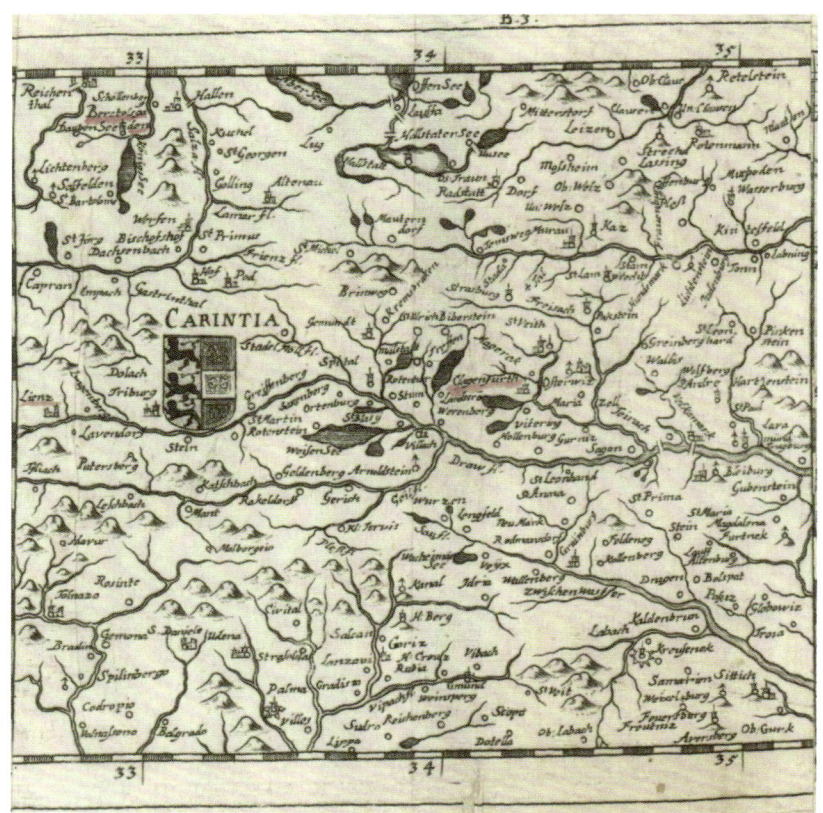

JOHANN HOFFMANN

[„Carinthia"].
Nürnberg, Johann Hoffmann, 1688.

Kupferstich, 12,5 × 14 cm

Aus dem bekannten Standardwerk „Die Donau, der Fürst aller europäischer Flüsse" mit 30 Teilkarten des gesamten Donaulaufes. Kärnten befindet sich im mittleren Teil des Abschnitts, auf dem die österreichischen Länder erfasst sind.

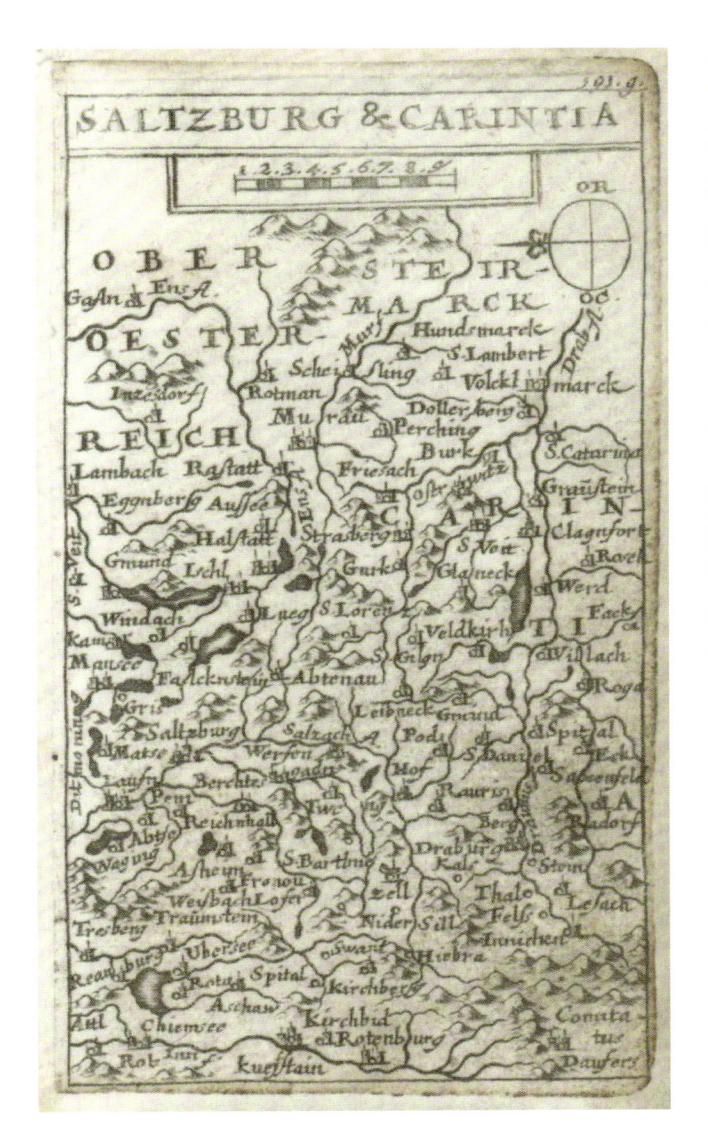

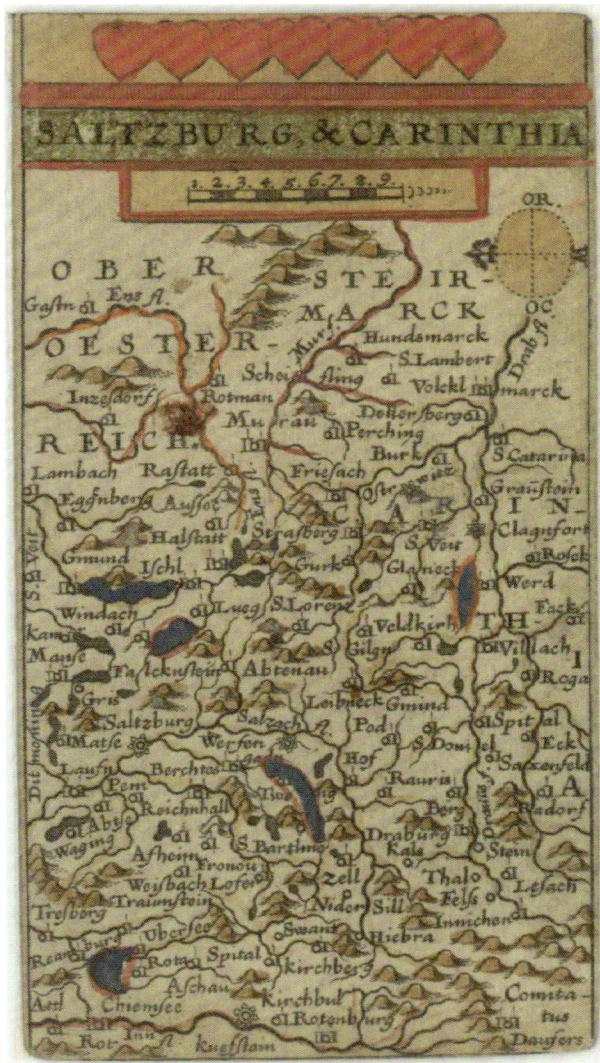

45

JOHANN HOFFMANN

„Saltzburg & Carintia".
Nürnberg, Johann Hoffmann, 1677.

Kupferstich, 11,4 × 6,6 cm
Kupferstich, koloriert, 12 × 6,3 cm

Aus „Catholischer Raphael / Das ist: Catholisches Reis-Bet-Büchlein für alle". Freie Nachbildung der Mercator-Karte mit Ostausrichtung. Solche Landkarten in Kleinformat waren als Buchillustrationen oder als Spielkarten im Zeitalter der Aufklärung sehr populär und trugen viel zur allgemeinen Verbreitung des geographischen Wissens bei.

ISRAEL HOLZWURM
(MIT DER ORIGINALAUSGABE VON 1612)

Israel Holzwurm wurde um 1575/1580 in Villach geboren, übersiedelte mit seiner Familie 1605 nach Straßburg und lebte dort die meiste Zeit, bis zu seinem frühen Tod 1617. Er erlernte in Straßburg mehrere Berufe, bevor er 1610 als Landschaftsingenieur in den Dienst der Kärntner Stände berufen wurde. Dort bekam er den Auftrag, eine Karte des Landes zu erstellen, die den Anforderungen der Zeit entsprechen sollte und die man auch als Beilage zur Geschichte Kärntens von Hieronymus Megiser („Annales Carinthiae") verwenden konnte. Den ersten Teil hat Holzwurm erfüllt und 1612 mehrere Hundert Exemplare seiner Karte den Landständen nach Klagenfurt geliefert. Aus unbekannten Gründen kam es aber nicht zu einer Zusammenarbeit mit Megiser, dessen Werk ebenfalls 1612 erschienen ist, aber ohne die Holzwurm-Karte. Und während Megisers Werk in zahlreichen Exemplaren das Land erreichte und viel Lob erntete, blieb die Karte von Holzwurm fast ohne Resonanz, da sie offensichtlich sehr wenig im Umlauf war. Man fand in den Bibliotheken da und dort vereinzelt einige Exemplare – meistens wurden sie privat den „Annales Carinthiae" von Megiser beigegeben –, aber sonst ist über ihr weiteres Schicksal wenig bekannt. Überliefert ist nur, dass die noch vorhandenen Bestände, zusammen mit den Druckvorlagen, 1636 beim großen Brand von Klagenfurt vernichtet wurden.

Nachdem der Bedarf nach einer qualitätsvollen Karte des Landes weiterhin bestand, beauftragten die Stände den damaligen Landschaftssekretär Hans Sigmund Otto mit der Neuherausgabe der Holzwurm-Karte. Auch diese Karte, 1650 fertig gestellt, erlebte kaum größere Verbreitung als das Original, so dass auch von ihr heute nur noch wenige Exemplare erhalten sind.

Die einzige Ausgabe, die in ausreichender Zahl vorhanden ist, ist ein verkleinerter Nachstich aus 1616 (Kat.-Nr. 47), der wahrscheinlich im Nachhinein für das Buch von Megiser bestimmt wurde, weil er vom Format her besser geeignet war. Laut neuesten Quellen hat Matthias Merian, der gelegentlich in Straßburg als Kupferstecher tätig war, diese Karte im Auftrag von Holzwurm erstellt.

Obwohl das Original kaum präsent war, reichten die vorhandenen Exemplare und die späteren Nachdrucke aus, um der Karte von Holzwurm auch außerhalb von Kärnten zum verdienten Ruhm zu verhelfen. Sie entsprach dem damals neuesten Stand der kartographischen Kunst und beinhaltete außerdem zahlreiche Details, die es auf den früheren Karten noch nicht gab. Entsprechend groß war auch ihr Einfluss auf die nachfolgenden Generationen der Kartographen, besonders auf Johann Baptist Zauchenberg, den die Stände Anfang des 18. Jahrhunderts mit der Herstellung eines neuen Holzwurm-Nachdrucks beauftragten (Kat.-Nr. 51).

Heute geht man davon aus, dass nur noch zwei Exemplare der Originalausgabe von Israel Holzwurm aus 1612 erhalten geblieben sind: eines davon befindet sich in der Staatlichen Bibliothek in Regensburg, wo der Bruder von Holzwurm seinerzeit als Kartograph tätig war, und das zweite Exemplar befindet sich in der Sammlung Lerchbaumer.

Neben dem Original aus 1612 (Kat.-Nr. 46) und der verkleinerter Ausgabe aus 1616 (Kat.-Nr. 47) befinden sich hier auch die meisten Karten, die unter dem Einfluss von Holzwurm oder indirekt über seine Umgebung entstanden sind. Die bekanntesten davon stammen von Merian (Kat.-Nr. 48 und 49), Granelli (Kat.-Nr. 50), Zauchenberg (Kat.-Nr. 51) und Weigel (Kat.-Nr. 52), eine Ähnlichkeit weist auch die Karte von Heinrich Scherer (Kat.-Nr. 53 und 54) auf.

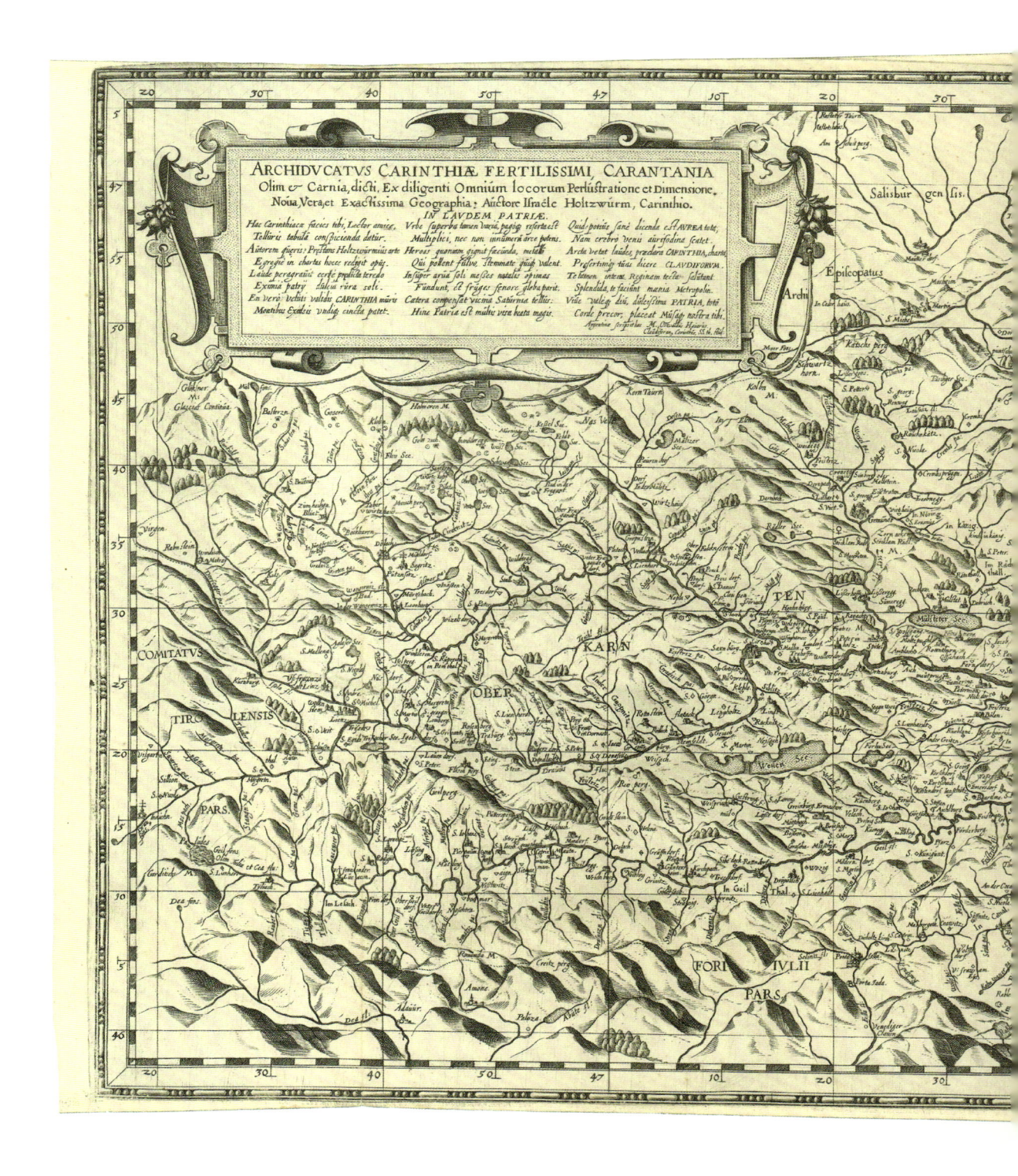

ISRAEL HOLZWURM

„Archiducatus Carinthiae Fertilissimi, Carantania Olim & Carnia, dicti, Ex diligenti Omnium locorom Perlustratione et Dimensione, Nova, Vera et Exactissima Geographia; Auctore Israele Holtzwurm, Carinthio". Straßburg, Israel Holzwurm, 1612.

Kupferstich, 39,7 × 72,7 cm

Die ganz seltene, lange Zeit für verschollen gehaltene erste Ausgabe der Holzwurm-Karte, eines der bedeutendsten historischen Dokumente des Landes Kärnten. Von ihr sind heute nur zwei Exemplare bekannt: neben jenem in der Staatlichen Bibliothek in Regensburg dieses zweite, als Teil der Sammlung Lerchbaumer – und ihr herausragendes Einzelstück, das am Ende des Buches als Druck beigelegt ist. Die Karte von Holzwurm war in mehreren Bereichen ihrer Zeit voraus: Flüsse, Seen und Berge waren genauer und plastischer dargestellt, zahlreiche neue topographische Details fanden hier ihren Platz. Die auffällige quadratische Rollwerkkartusche beinhaltet, neben dem oben angeführten langen Titel, auch ein Loblied an die Kärntner Heimat, verfasst von Oswald Hauer, einem Straßburger Theologiestudenten, der wie Holzwurm aus Kärnten stammte.

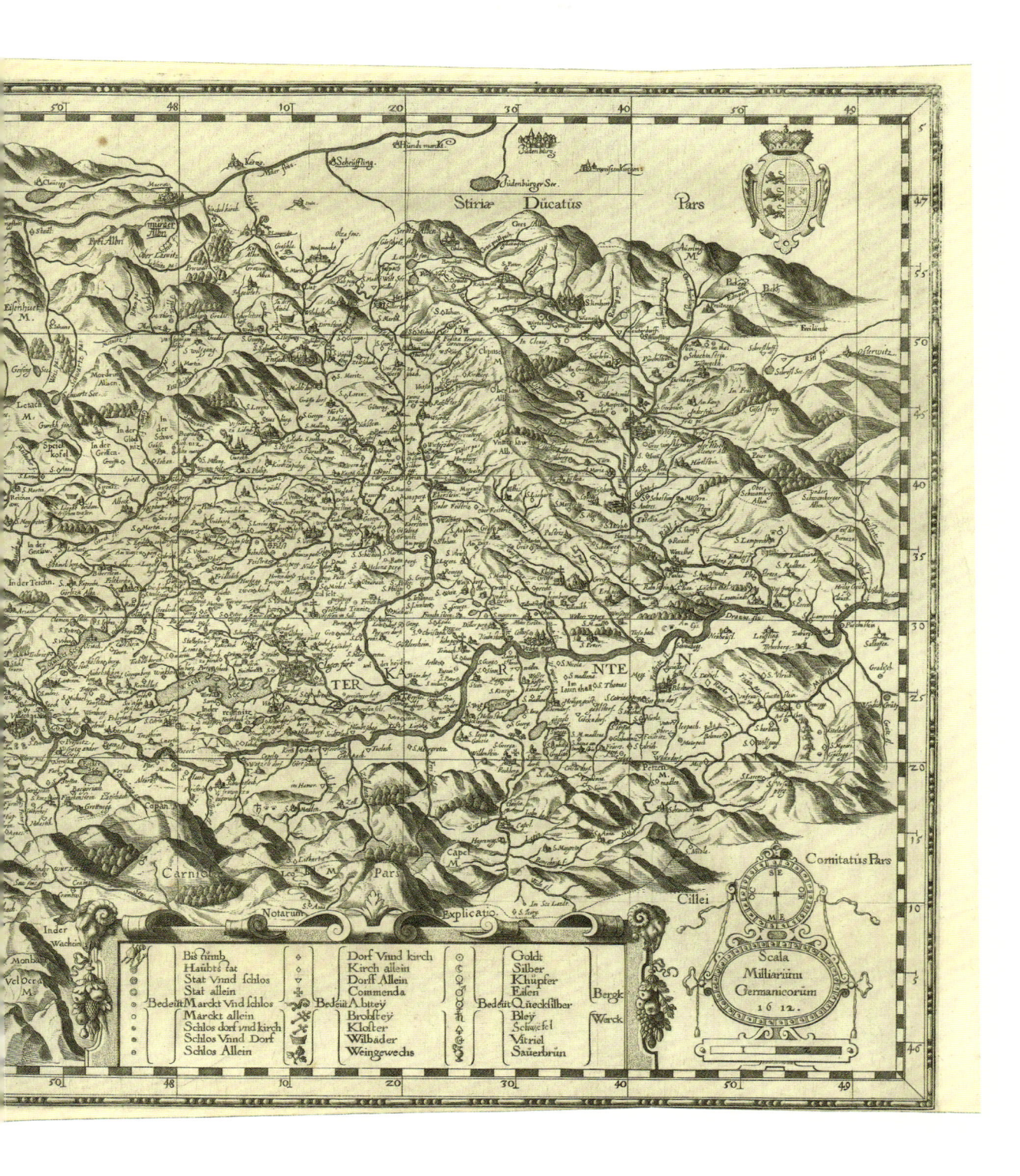

Die Karte ist von zwei Druckplatten auf leicht gelblichem Papier gedruckt. Der Zusammenschluss in der Mitte ist trotz minimaler Verschiebungen gut gelungen. Bis auf wenige altersbedingte Spuren befindet sich das Blatt in sehr gutem Zustand.

Lit.:
Wutte, Kärnten im Kartenbilde der Zeiten 60
Höck/Leitner, Kärnten in alten Landkarten bis 1809 27
Dörflinger/Wagner/Wawrik, Descriptio Austriae 99
Wawrik/Zeilinger, Austria picta 51–53
Meurer, Die wieder aufgefundene Originalausgabe der Kärnten-Karte

47

ISRAEL HOLZWURM

„Archiducatus Carinthiae Fertilissimi Carantania Olim et Carnia, dicti, Ex diligenti Omnium locorom Perlustratione et Dimensione, Nova, Vera et Exactissima Geographia; Auctore Israele Holtzwurm, Carinthio".
[Straßburg], Mattäus Merian, 1616.

Kupferstich, 20 × 37 cm

Die verkleinerte Version der ursprünglichen Holzwurm-Karte, nach den neuesten Quellen (P. H. Meurer) vermutlich von Matthäus Merian im Auftrag von Holzwurm hergestellt. Die Ähnlichkeit mit Merians Kartentechnik ist jedenfalls vorhanden, außerdem scheint diese Karte später in dessen Topographie Österreichs auf, zusätzlich zu der eigenen Karte (Kat.-Nr. 48). Die verkleinerte Version wurde auch einigen Exemplaren von „Annales Carinthiae", der Geschichte Kärntens von Hieronymus Megiser, beigegeben.

Lit.:
Wutte, Kärnten im Kartenbilde der Zeiten 61
Höck/Leitner, Kärnten in alten Landkarten bis 1809 28
Dörflinger/Wagner/Wawrik, Descriptio Austriae 99
Wawrik/Zeilinger, Austria picta 51–53
Nebehay/Wagner, Bibliographie altösterreichischer Ansichtenwerke 407,57
Meurer, Die wieder aufgefundene Originalausgabe der Kärnten-Karte

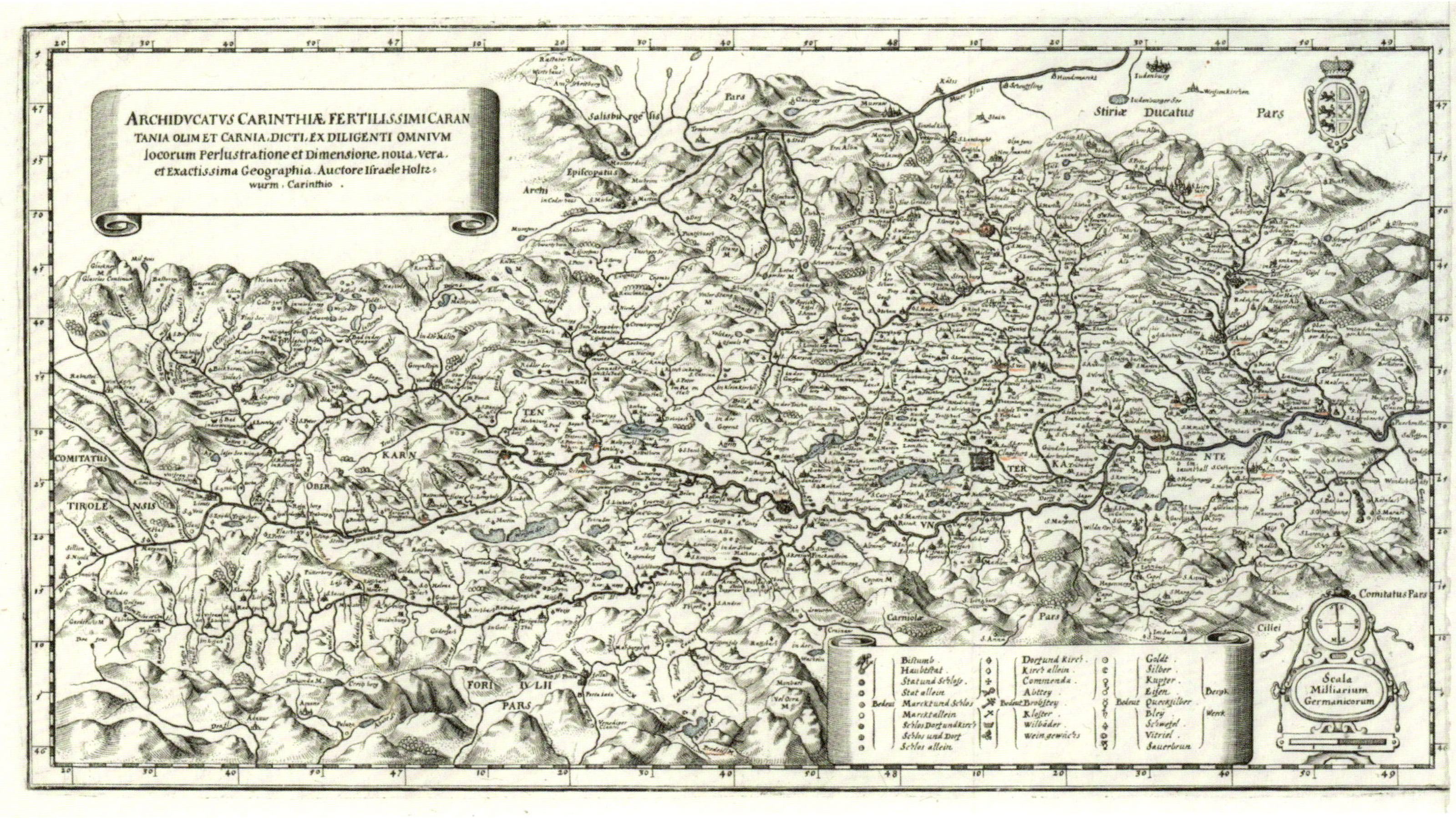
ARCHIDVCATVS CARINTHIÆ FERTILISSIMI CARANTANIA OLIM ET CARNIA, DICTI, EX DILIGENTI OMNIVM locorum Perlustratione et Dimensione, noua, vera, et Exactissima Geographia. Auctore Israele Holtzwurm, Carinthio.
Salisburgensis
Episcopatus
Archi
Stiriæ Ducatus Pars
COMITATUS
TIROLENSIS
OBER
KARN
TEN
VNTER
KARNTEN
Carniolæ
Pars
FORI IVLII PARS
Comitatus Pars
Cillei
Bistumb.
Haubtstat.
Statund Schloss.
Stat allein.
Bedeut Marcktund Schlos
Marcktallein
Schlos Dorfund Kirch
Schlos und Dorf
Schlos allein.
Dorfund Kirch.
Kirch allein.
Commenda.
Abtey.
Bedeut Brobstey.
Kloster.
Wilbäder.
Wein gewächs
Goldt.
Silber.
Kupfer.
Eisen.
Bedeut Quecksilber.
Bley.
Schwefel.
Vitriel.
Sauerbrun
Bergk Werck
Scala Milliarium Germanicorum

48

MATTHÄUS MERIAN

„Carinthiae Ducatus. Hertzogthum Kärnten".
Frankfurt am Main, Matthäus Merian, 1649.

Kupferstich, 26,5 × 34 cm

Aus „Topographia Provinciarum Austriacarum" von Matthäus Merian, hauptsächlich nach den Mercator-Karten dieser Gegend entstanden (Kat.-Nr. 20 und 27). Merian hat in seinem Ansichtenwerk der eigenen Karte mehrfach auch die verkleinerte Version der Karte von Israel Holzwurm (Kat.-Nr. 47) beigefügt.

Lit.:
Wutte, Kärnten im Kartenbilde der Zeiten 55
Höck/Leitner, Kärnten in alten Landkarten bis 1809 30
Nebehay/Wagner, Bibliographie altösterreichischer Ansichtenwerke 407,57

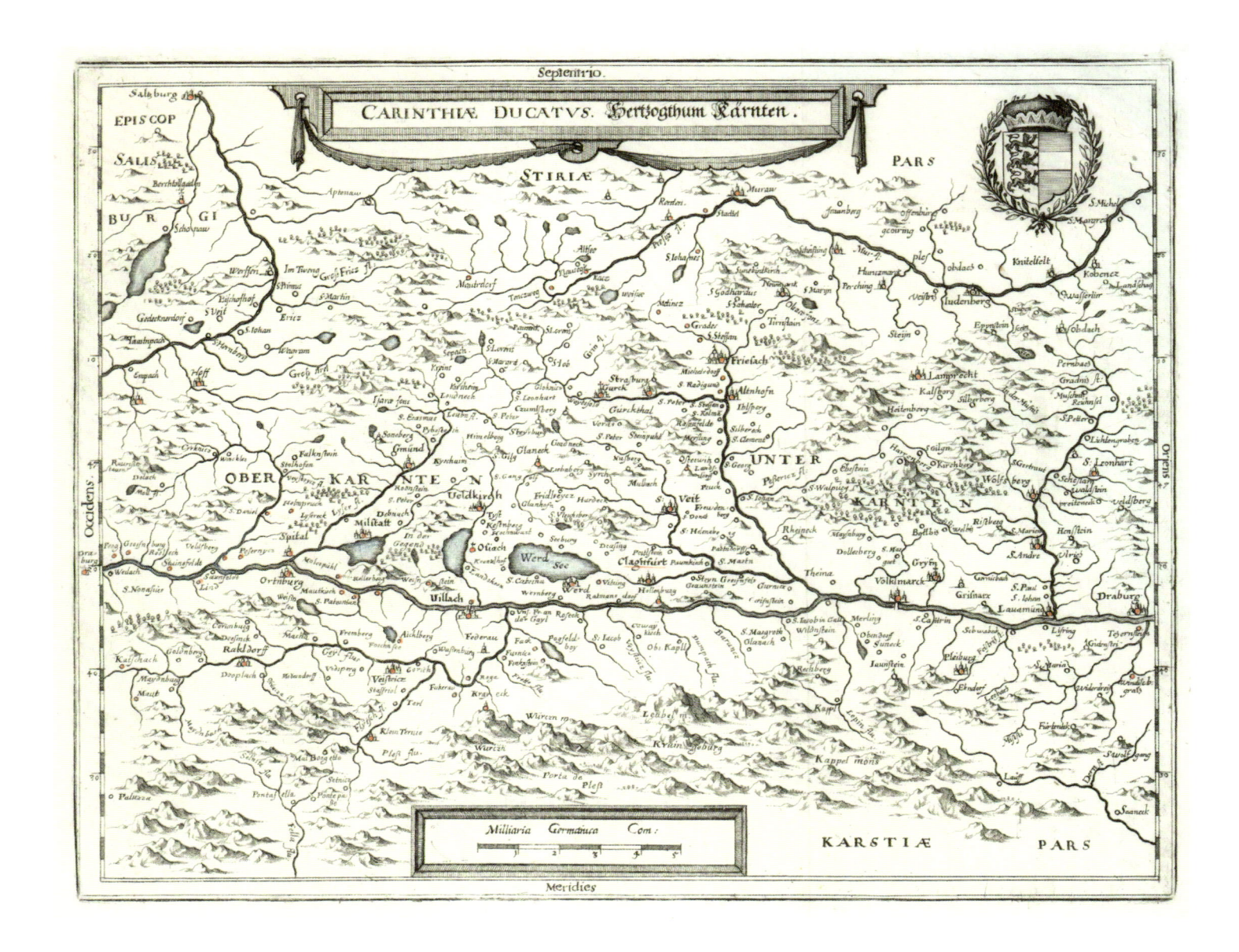

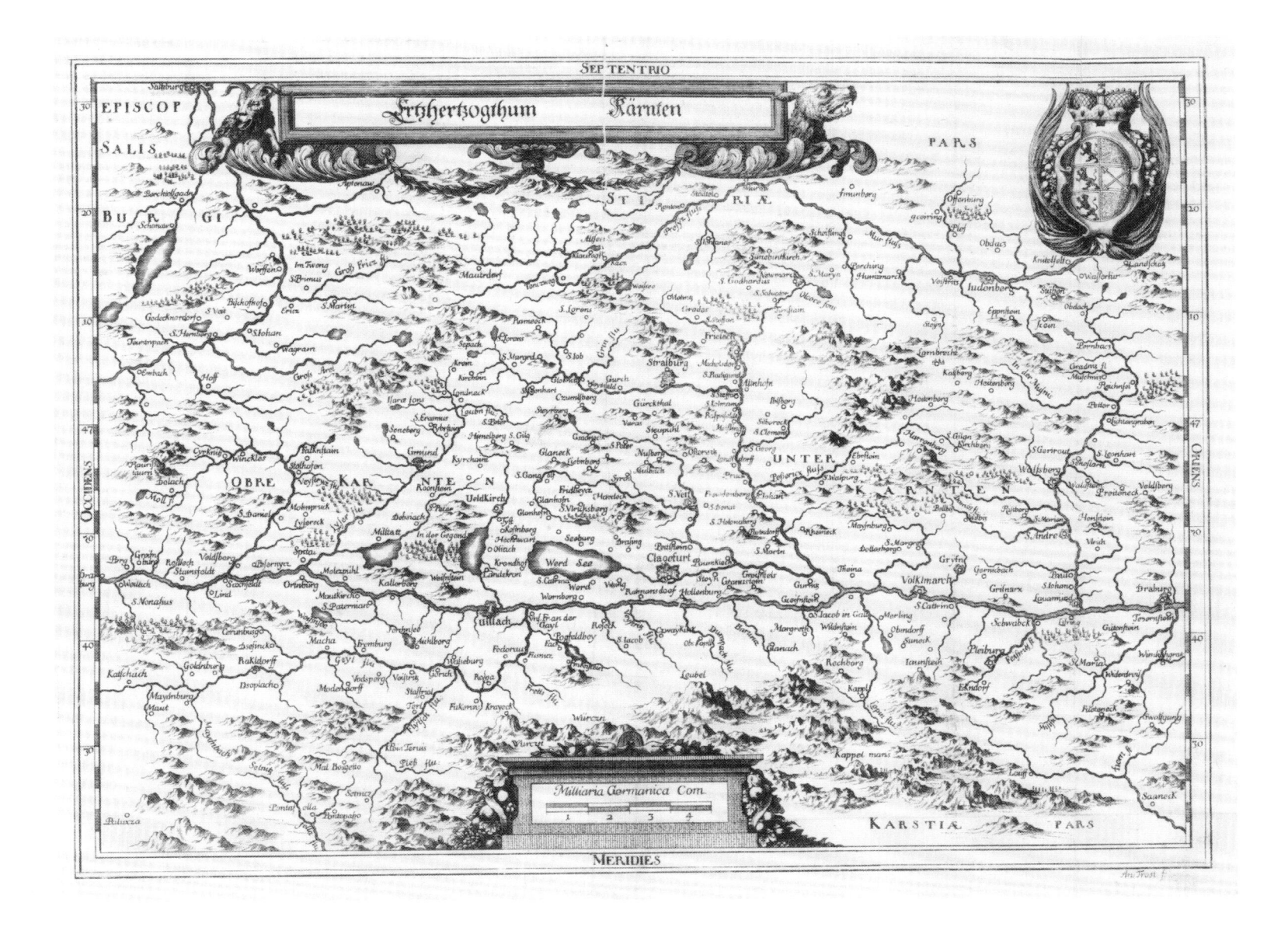

49

JOHANN WEICHARD VALVASOR / MATTHÄUS MERIAN

„Ertzherzogthum Kärnten".
Nürnberg, Wolfgang Moritz Endter, 1688.

Kupferstich, 25 × 34 cm

Aus „Topographia Archiducatus Carinthiae" von Johann Weichard Valvasor, dem ersten umfangreichen Ansichtenwerk von Kärnten. Die Merian-Karte (Kat.-Nr. 48) wurde hier vom bekannten Grazer Kupferstecher Andreas Trost leicht umgearbeitet und neu gestochen.

Lit.:
Wutte, Kärnten im Kartenbilde der Zeiten 55
Höck/Leitner, Kärnten in alten Landkarten bis 1809 32
Nebehay/Wagner, Bibliographie altösterreichischer Ansichtenwerke 769,4

50

[KARL GRANELLI]

„Ducatus Carinthiae Tabula".
Wien, Johann Georg Schlegel, 1701.

Kupferstich, 25,5 × 33,5 cm

Die Karte wurde von den Geographen aus dem Orden der Jesuiten entworfen, als Vorbild diente ganz offensichtlich das Blatt von Israel Holzwurm (Kat.-Nr. 46 und 47). Die Druckplatten stammen von den Augsburger Kupferstechern Andreas Pfeffel und Christian Engelbrecht, die mehrere Jahre in Wien tätig waren. Sie haben unter anderem die Karten für das topographische Werk „Germania Austriaca", aus dem dieses Blatt stammt, angefertigt und herausgegeben. Als mögliche Autoren von „Germania Austriaca", das anonym erschienen ist, werden meistens die Jesuiten Karl Granelli oder Ignaz Reiffenstuhl, neuerdings auch Wenzeslaus Carolus von Purgstall, genannt.

Lit.:
Wutte, Kärnten im Kartenbilde der Zeiten 67
Höck/Leitner, Kärnten in alten Landkarten bis 1809 38
Ritter, Die Karten und Atlanten des Augsburger Kunstverlegers Johann Andreas Pfeffel

Studio et operâ cujusdam Geographi, Soc. IESU. *Pfeffel & Engelbrecht sc. et excud. Vien.*

51

JOHANN BAPTIST ZAUCHENBERG

„Novissima Carinthiae tabula, novissimus philosophiae partus est".
Augsburg, Gottfried Pfautz, 1718.

Kupferstich, 68 × 95 cm

Vergrößerte Nachbildung der Karte von Israel Holzwurm, entstanden im Auftrag der Kärntner Stände und gedruckt beim bekannten Augsburger Kupferstecher Gottfried Pfautz. Am oberen

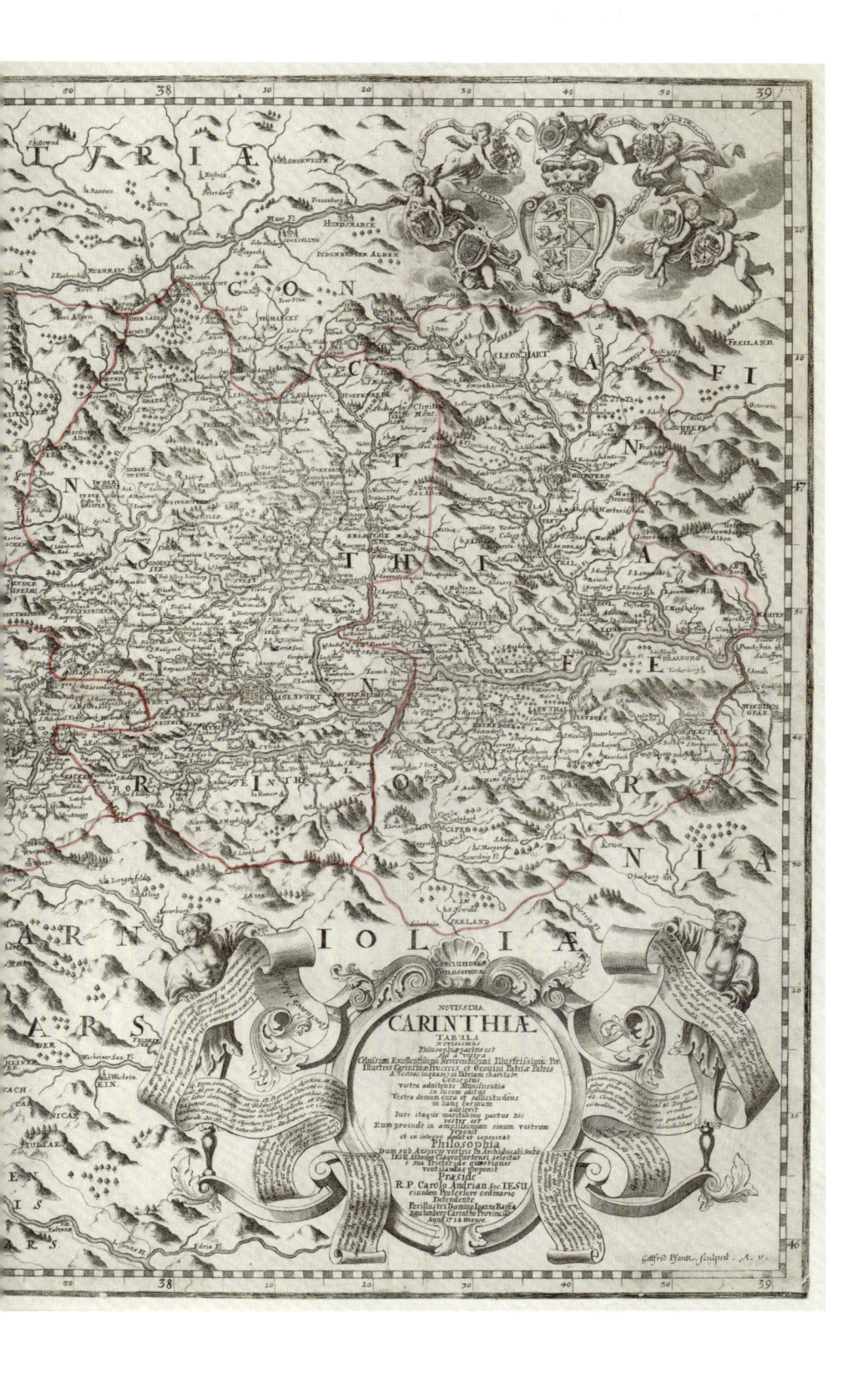

Rand mit der Ansicht von Klagenfurt nach Johann Weichard Valvasor, unten mit der Herzogseinsetzung am Fürstenstein nach Ferdinand Steiner. Nachdem das Original von Holzwurm aus 1612 (Kat.-Nr. 46) und der erste Nachdruck von Otto aus 1650 kaum vorhanden waren, diente die Zauchenberg-Karte an ihrer Stelle lange Zeit als die wichtigste Referenz in Bezug auf die kartographischen Darstellungen des Landes.

Lit.:
Wutte, Kärnten im Kartenbilde der Zeiten 69
Höck/Leitner, Kärnten in alten Landkarten bis 1809 40
Dörflinger/Wagner/Wawrik, Descriptio Austriae 154

52

JOHANN CHRISTOPH WEIGEL

„Ducatus Carinthiae accurata delineatio".
Nürnberg, J. E. Adelbulner für Christoph Weigel, 1719.

Kupferstich, koloriert, 30,5 × 37,3 cm

Aus „Bequemer Schul- und Reisen-Atlas" von Johann David Köhler. Der bekannte Nürnberger Kupferstecher und Verleger Johann Christoph Weigel, der auch selbst einen „Atlas portatilis" herausgebracht hat, orientierte sich hier an der Karte von Granelli (Kat.-Nr. 50), während das Gesamtbild bereits an Johann Baptist Homann (Kat.-Nr. 78) erinnert, mit dem Weigel eng zusammengearbeitet hat. Die Herzogseinsetzung ist hier als stimmungsvolles barockes Ensemble wiedergegeben.

Lit.:
Wutte, Kärnten im Kartenbilde der Zeiten 68
Höck/Leitner, Kärnten in alten Landkarten bis 1809 39

Ducatus CARINTHIÆ, accurata delineatio a Christoph Weigelio Norimb.

53

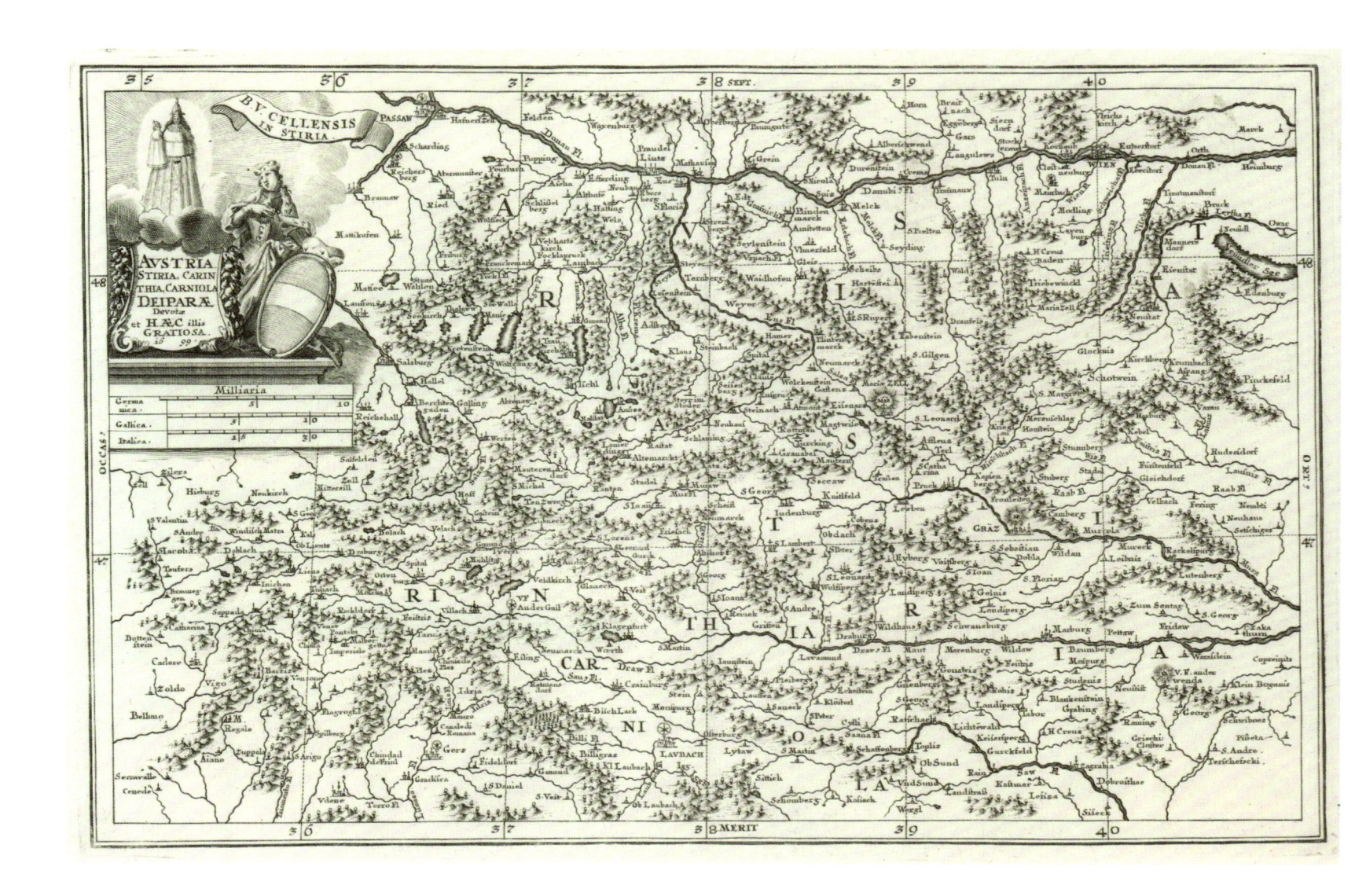

HEINRICH SCHERER

„Austria, Stiria, Carinthia, Carniola".
München, Rauch & Riedl für Johann Caspar Bencard in Dillingen, 1702.

Kupferstich, 23,5 × 35,5 cm

Aus „Atlas Marianus" („Atlas Novus", Teil 3) von Heinrich Scherer. Der Jesuit Scherer schuf für seinen Weltatlas an die 180 Karten, meist nach Vorbildern aus der Zeit. Seine Karten wurden von Johann Baptist Homann gestochen, der in Leipzig, wo die Druckplatten entstanden sind, als Kupferstecher tätig war. In der Kartusche befindet sich eine Darstellung der Mariazeller Mutter Gottes.

Lit.
Sandler, J. B. Homann (1979) 57

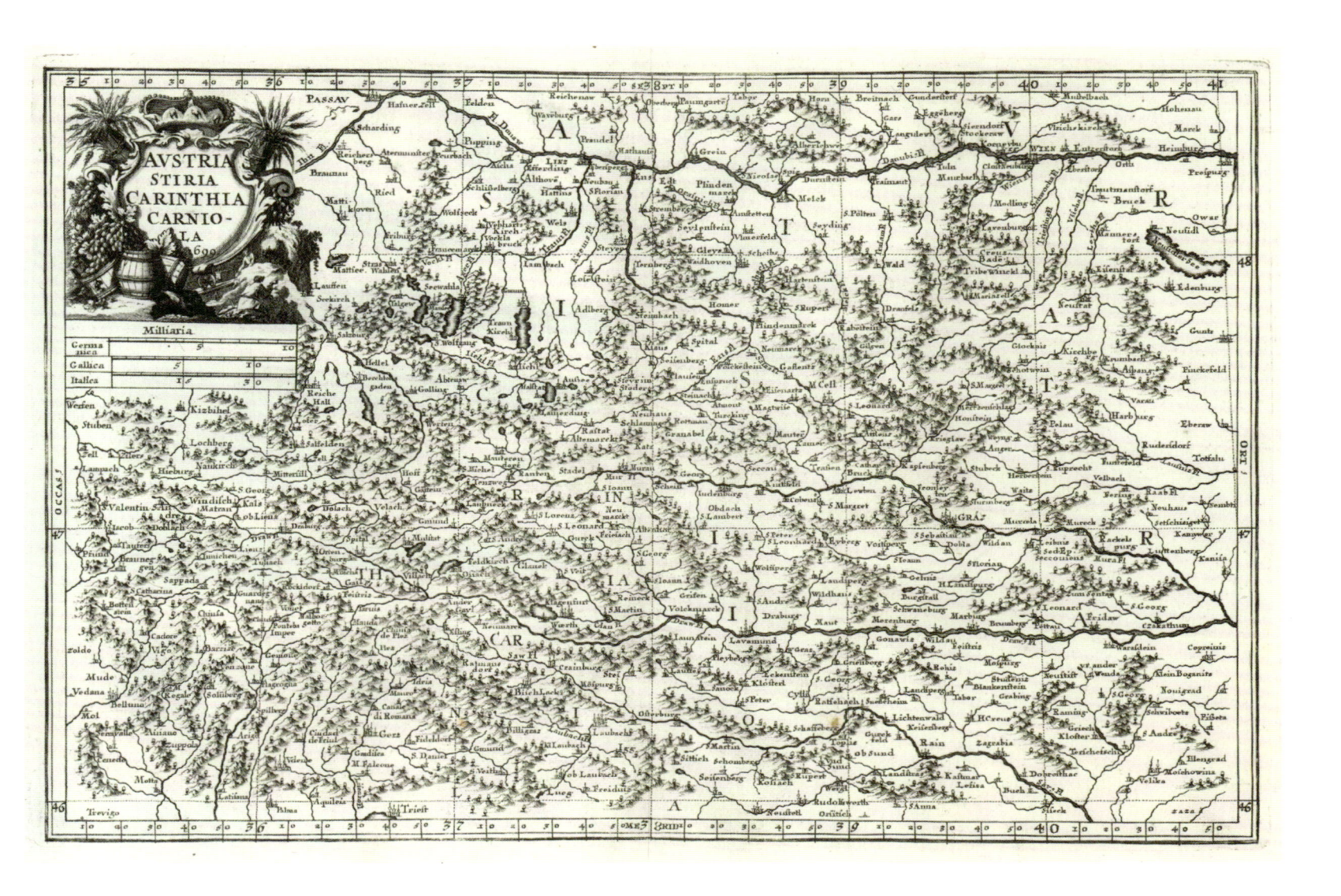

54

HEINRICH SCHERER

„Austria, Stiria, Carinthia, Carniola".
München, Rauch & Riedl für Johann Caspar Bencard in Dillingen, 1737.

Kupferstich, 23,5 × 35,5 cm

Aus „Atlas Marianus" („Atlas Novus", Teil 3) von Heinrich Scherer, 2. Auflage, diesmal mit einer für diese Zeit typischen Barockkartusche.

NICOLAS SANSON UND SEINE NACHFOLGER

Nicolas Sanson d'Abbeville war einer der Begründer der französischen Schule der Kartographie und ihr wichtigster Vertreter. Seine Karten zeichnet in erster Linie eine sorgfältige Ausarbeitung aus, weswegen er bis ins späte 18. Jahrhundert in ganz Europa als Vorbild gegolten hat. Den ersten Atlas gab er 1648 heraus, zehn Jahre später erschien der große Weltatlas „Cartes générales des toutes les parties du monde" mit 124 Karten, den er in Zusammenarbeit mit seinem Partner Pierre Mariette herausbrachte. In diesem Atlas befand sich auch die Karte von Kärnten mit den umgebenden Ländern (Kat.-Nr. 55), die lange Zeit und in vielen Ausgaben und Varianten repräsentativ für kartographische Darstellungen dieser Gegend war. Schon die unmittelbaren Nachfolger Sansons, Hubert Alexis Jaillot (Kat.-Nr. 56 und 57) und Gilles Robert de Vaugondy mit seinem Sohn Didier (Kat.-Nr. 58), haben diese Karte berühmt gemacht.

Es folgten die Bearbeitungen von Frederik de Wit (Kat.-Nr. 59 und 60), Gerard Valck (Kat.-Nr. 61) und jene von den Familien Danckerts (Kat.-Nr. 62 und 63) und Ottens (Kat.-Nr. 64). Auch mehrere italienische Kartographen haben Sanson als Vorbild genommen (Kat.-Nr. 65, 71 und 72, 74 bis 77). Sein Einfluss war in den späteren Generationen in Frankreich weiterhin sehr groß, wie einige weitere Beispiele zeigen (Kat.-Nr. 66, 67 und 68). In Deutschland (Kat.-Nr. 69), Österreich (Kat.-Nr. 73) und in England (Kat.-Nr. 70) kann man ebenfalls auf vereinzelten Karten dieser Region den Einfluss von Nicolas Sanson wiederfinden. Eine Karte mit Österreichbezug hat ganz besonders in diesem Zusammenhang große Verbreitung erlebt: die „Cercle d'Austriche" („Der Österreichische Kreis") genannte Karte. Der südliche Teil, mit Kärnten in der Mitte, gehört zu den populärsten Karten dieser Gegend überhaupt.

55

NICOLAS SANSON

„Hertzogthüber Steyer, Karnten, Krain, &c./Duchés de Stirie, Carinthie, Carniole, Comté de Cilley, Marq.sat des Windes et autres Estas Unis et hereditaires aux Archiducs d'Austriche". Paris, Pierre Mariette, 1658.

Kupferstich, koloriert, 42,5 × 59 cm

Aus „Cartes générales des toutes les parties du monde", herausgegeben von Nicolas Sanson und Pierre Mariette. Die Karte ist 1657 entstanden und diente vielen Kartographen als Vorbild für zahlreiche ähnliche Darstellungen dieser Gegend. Sanson selbst hat sich vorwiegend an Gerard Mercator (Kat.-Nr. 20) orientiert.

Lit.:
Dörflinger/Wagner/Wawrik, Descriptio Austriae 110

115

NICOLAS SANSON / HUBERT JAILLOT

„Partie du Cercle d'Austriche, ou sont les Duchés de Stirie, de Carinthie, de Carniole et autres Estats Hereditaires a la Maison d'Austriche".
Paris, Hubert Jaillot, 1692.

Kupferstich, koloriert, 55,5 × 87,5 cm

Jaillot hat die Karte von Sanson aus 1657 (Kat.-Nr. 55) hier neu gestochen und in einem größeren Format von zwei Platten drucken lassen. Durch die Titelleiste und die barocken Kartuschen wirkt das Blatt ansprechender als die Erstausgabe, bei diesem Exemplar verstärkt auch die Kolorierung diesen Eindruck.

57

NICOLAS SANSON / HUBERT JAILLOT

„Partie du Cercle d'Austriche, ou sont les Duchés de Stirie, de Carinthie, de Carniole et autres Estats Hereditaires a la Maison d'Austriche".
Paris, Hubert Jaillot, 1709.

Kupferstich, koloriert, 44,5 × 64,5 cm

Nach dem Tod von Nicolas Sanson hat der Pariser Kartograph Alexis Hubert Jaillot die Druckplatten übernommen. Zusammen mit den Söhnen und seinem Enkel Pierre Moulard-Sanson hat Jaillot die Karten seines Vorgängers noch über viele Jahre weiter erfolgreich verlegt.

Lit.:
Wutte, Kärnten im Kartenbilde der Zeiten 55
Höck/Leitner, Kärnten in alten Landkarten bis 1809 35

GILLES & DIDIER ROBERT DE VAUGONDY

„Partie meridionale du Cercle d'Autriche, qui comprend la basse partie du Duché de Stirie, le Duché de Carinthie, divisé en haute et basse; le Duché de Carniole, divisé en haute, basse, moyenne et inter.e Carniole, et l'Histrie impériale".
Paris, Gilles und Didier Robert de Vaugondy, 1757.

Kupferstich, koloriert, 47,5 × 60,5 cm

Aus „Atlas universel" von Gilles (Vater) und Didier (Sohn) Robert de Vaugondy, die einen großen Teil des kartographischen Materials von Sansons Enkel Pierre Moulard, mit dem sie verwandt waren, übernommen haben. Didier Robert de Vaugondy, der bereits der vierten Generation nach Nicolas Sanson angehörte, schuf die Druckplatte für diese Karte 1752 für die erste Ausgabe des „Atlas universel".

Lit.:
Wutte, Kärnten im Kartenbilde der Zeiten 74
Höck/Leitner, Kärnten in alten Landkarten bis 1809 46
Sponberg Pedley, Robert de Vaugondy 278

59

FREDERIK DE WIT

„Ducatus Carinthiae et Carniolae, Cilleiae que Comitatus Nova Tabula que
et Pars est Meridionalior Circuli Austriaci".
Amsterdam, Frederik De Wit, 1691–1696.

Kupferstich, koloriert, 50 × 59 cm

Aus einer Ausgabe des „Atlas Major" von Frederik de Wit, erschienen zwischen 1691 und 1696. Es handelt sich um eine der schönsten Karten der Region, besonders, wenn sie, wie hier, in einem ansprechenden alten Kolorit und goldgehöht vorkommt. De Wits Karten sind sorgfältig ausgearbeitet und haben einen etwas größeren Maßstab als jene von Sanson, wodurch sie auch kompakter wirken.

Lit.:
Wutte, Kärnten im Kartenbilde der Zeiten 55
Höck/Leitner, Kärnten in alten Landkarten bis 1809 33
Koeman, Atlantes Neerlandici III, Wit 13,38 (12,40)
Carhart, De Wit 76.1

60

FREDERIK DE WIT

„Ducatus Carinthiae et Carniolae, Cilleiae que Comitatus Nova Tabula que
et Pars est Meridionalior Circuli Austriaci".
Amsterdam, Johannes Covens & Cornelis Mortier, um 1725.

Kupferstich, koloriert, 50 × 59 cm

Covens und Mortier, die 1721 den de Wit-Verlag von dessen Söhnen übernommen haben,
gaben um 1725 den „Atlas Maior" ihres Vorgängers, aus dem das vorliegende Blatt stammt,
noch einmal heraus.

Lit.:
Koeman, Atlantes Neerlandici II, C&M 1
Carhart, De Wit 76.3

Ducatus
Carintiæ
et
Carniolæ
Cilleiæ, q Comitatus
Nova Tabula
quę et Pars est Meridionalior
Circuli Austriaci
Per F. de Witt Amstelodami.
ex Officina I. Covens et C. Mortier.
Golfo de Trieste
Golfo
Carnero
Chersó I.
Arbe I.
Pago I.
Venetia
Gratz
Laubach
Goritia

61

GERARD VALCK

„Circuli Austriaci Orientalior Pars; in qua Austria Propria et ab ea Dependentes, tum Ducatus, Stiriae, Carinthiae, Carniola(e) tum Comitatus, Hisce Inclusi, Cillensis et Goritiae Singuli Subdivisi".
Amsterdam, Peter Schenk & Gerard Valck, um 1700.

Kupferstich, koloriert, 57,5 × 48,5 cm

Aus „Atlas contractus sive Mapparum Geographicarum Sansoniarum auctarum et correctarum nova congeries" von Gerard Valck und seinem Partner Peter Schenk, die damals zu den bekanntesten Amsterdamer Kartenverlegern zählten.

Lit.:
Koeman, Atlantes Neerlandici III 137

CIRCULI
AUSTRIACI
Orientalior Pars;
in qua
AUSTRIA PROPRIA
et ab ea Dependentes,
TUM DUCATUS,
STIRIÆ, CARINTIÆ, CARNIOL
TUM COMITATUS,
Horum Inclusi,
CILLENSIS et GORITIA,
Singuli Subdividi,
Per GERARDUM VALK.

62

JUSTUS DANCKERTS

„Ducatus Stiriae et Carinthiae, Carniolae, Cilleiae que Comitatus Nova Tabula, que et Pars est Meridionalior Circuli Austriaci".
Amsterdam, Danckerts, 1706/1710.

Kupferstich, koloriert, 50 × 56,5 cm

Die südlichen österreichischen Länder nach der Karte von de Wit (Kat.-Nr. 59), herausgegeben von Justus Danckerts und seinen Söhnen, Theodorus und Cornelis Danckerts II. Sie gaben zwischen 1698 und 1700 einen Atlas mit 60 Karten heraus, der anschließend mehrere Auflagen erlebte.

Lit.:
Höck/Leitner, Kärnten in alten Landkarten bis 1809 37
Danku/Sümeghy, The Danckerts Atlas 64

DUCATUS
STIRIÆ
et
CARINTIÆ,
CARNIOLÆ,
CILLEIÆ, y COMITATUS,
Nova Tabula
que et Pars est Meridionalior
CIRCULI AUSTRIACI,
per Cornelium Danckerts
Amstelodami
Cum Privilegio
CARINTIÆ, CARNIOLÆ,
CILLEIÆ, STIRIÆ,
GOLFO DI VENETIA
STIRIA DUCATUS
CARNIOLA
Trieste
Golfo de Trieste

63

JUSTUS DANCKERTS

„Circuli Austriaci in quo Sunt Archiducatus Austriae, Ducatus Stiriae, Carinthiae, Carniolae, Comitatus Tirolis et Episcopatus Tridentini".
Amsterdam, Justus Danckerts, 1698/1699.

Kupferstich, koloriert, 49 × 59 cm

Die Gesamtkarte des Österreichischen Kreises, in der oberen linken Ecke mit einer Nebenkarte von Tirol mit Trient. Aus einem Atlas von Justus Danckerts und seinen Söhnen Theodorus und Cornelis Danckerts II.

Lit.:
Koeman, Atlantes Neerlandici II, Dan 3,29
Danku/Sümeghy, The Danckerts Atlas 64

64

REINER OTTENS

„Circuli Austriaci in quo Sunt Archiducatus Austriae, Ducatus Stiriae, Carinthiae, Carniolae, Comitatus Tirolis et Episcopatus Tridentini".
Amsterdam, Josua & Reiner Ottens, 1729.

Kupferstich, koloriert, 49 × 59 cm

Reiner Ottens, der mit seinem Vater Joachim und dem Bruder Josua zusammen gearbeitet hat, gehört zu den bekanntesten Amsterdamer Kartenverlegern. Hier eine Neuauflage der Karte von Justus Danckerts (Kat.-Nr. 63), dessen Druckplatten nach seinem Tod von der Familie Ottens übernommen wurden.

Lit.:
Koeman, Atlantes Neerlandici III,88,84

65

GIACOMO CANTELLI

„Li ducati di Stiria, Carintia è Carniola et altri Stati Ereditarii, che compongono parte del Circolo d'Austria".
Rom, Giovanni Giacomo de Rossi, 1686.

Kupferstich, 54 × 44 cm

Aus „Mercurio geografico", einem italienischen Atlas, herausgegeben von Giovanni Giacomo de Rossi. Die Karte stammt vom bekannten italienischen Kartographen Giacomo Cantelli aus Vignola bei Modena, der eine Zeitlang in Paris tätig war und sich bei seinen Karten auch an Sanson orientiert hat.

Lit.:
Höck/Leitner, Kärnten in alten Landkarten bis 1809 34

LI DVCATI
di STIRIA CARINTIA
è CARNIOLA
et altri Stati Ereditary
che compongono
PARTE DEL CIRCOLO
D'AVSTRIA
descritti da Giacomo Cantelli da Vignola
Geografo è sudito del Seren.mo
Duca di Modona
è dati in luce da Gio. Giacomo de Rossi
dalle sue stampe in Roma alla Pace con
Priv. del S. Pont. l'Anno 1686.

66

JEAN BESSON

„[L'Alsace, le Palatinat, le Cercle de Souabe,] La Plus Grande Partie du Cercle d'Austriche et celuy de Baviere, avec une bone Partie des Etats de la Couronne de Boheme et de Hongrie". Paris, Jean Besson, 1704.

Kupferstich, koloriert, 49,5 × 60,5 cm

Eine Karte des Österreichischen Kreises mit mehreren Nachbarländern, die ebenfalls große Ähnlichkeit mit der Karte von Sanson (Kat.-Nr. 55) hat. Sie wurde von drei Platten gedruckt (Gesamtformat: 49,5 × 84,5 cm), hier allerdings ohne das erste, westliche Drittel mit Elsass und Rheinland-Pfalz.

GEORGES-LOUIS LE ROUGE

„Le Cercle d'Autriche".
Paris, Georges-Louis Le Rouge, 1748.

Kupferstich, koloriert, 20 × 26 cm

Aus „Atlas nouveau portativ" von Le Rouge. Die Karte ist mit 1743 datiert und hat am oberen Rand eine Szene aus den Türkenkriegen, ein Thema, das man auch auf Landkarten oft in Zusammenhang mit Österreich gebracht hat.

JEAN-BAPTISTE LOUIS CLOUET

„Le Cercle d'Autriche".
Paris, Louis Joseph Mondhare & Pierre Jean, 1787.

Kupferstich, koloriert, 32 × 56 cm

Aus „Geographie moderne" von Jean-Baptiste Louis Clouet. Mit der Nebenkarte von Tirol, wie sie in den Karten von Danckerts und Ottens (Kat.-Nr. 63 und 64) vorkommt, und ausführlicher Beschreibung der Region in Französisch.

JOHANN GEORG SCHREIBER

„Reise-Charte durch den Oesterreichischen Kreis".
Leipzig, Johann Georg Schreiber, 1749.

Kupferstich, koloriert, 16,5 × 25,5 cm

Aus der zweiten Auflage des „Atlas Selectus" von Johann Georg Schreiber. Ein hübsch koloriertes Exemplar des Österreichischen Kreises vom bekannten deutschen Kartographen, mit Erklärungstabellen am Rand.

JOHN MURRAY

"A Map of the Circle of Austria".
London, John Murray, 1786.

Kupferstich, 27 × 40 cm

Karte des Österreichischen Kreises aus dem bekannten englischen Verlag. Sie ist in mehreren Ausgaben erschienen und zählt in den englischsprachigen Ländern zu den häufigsten Karten der Region.

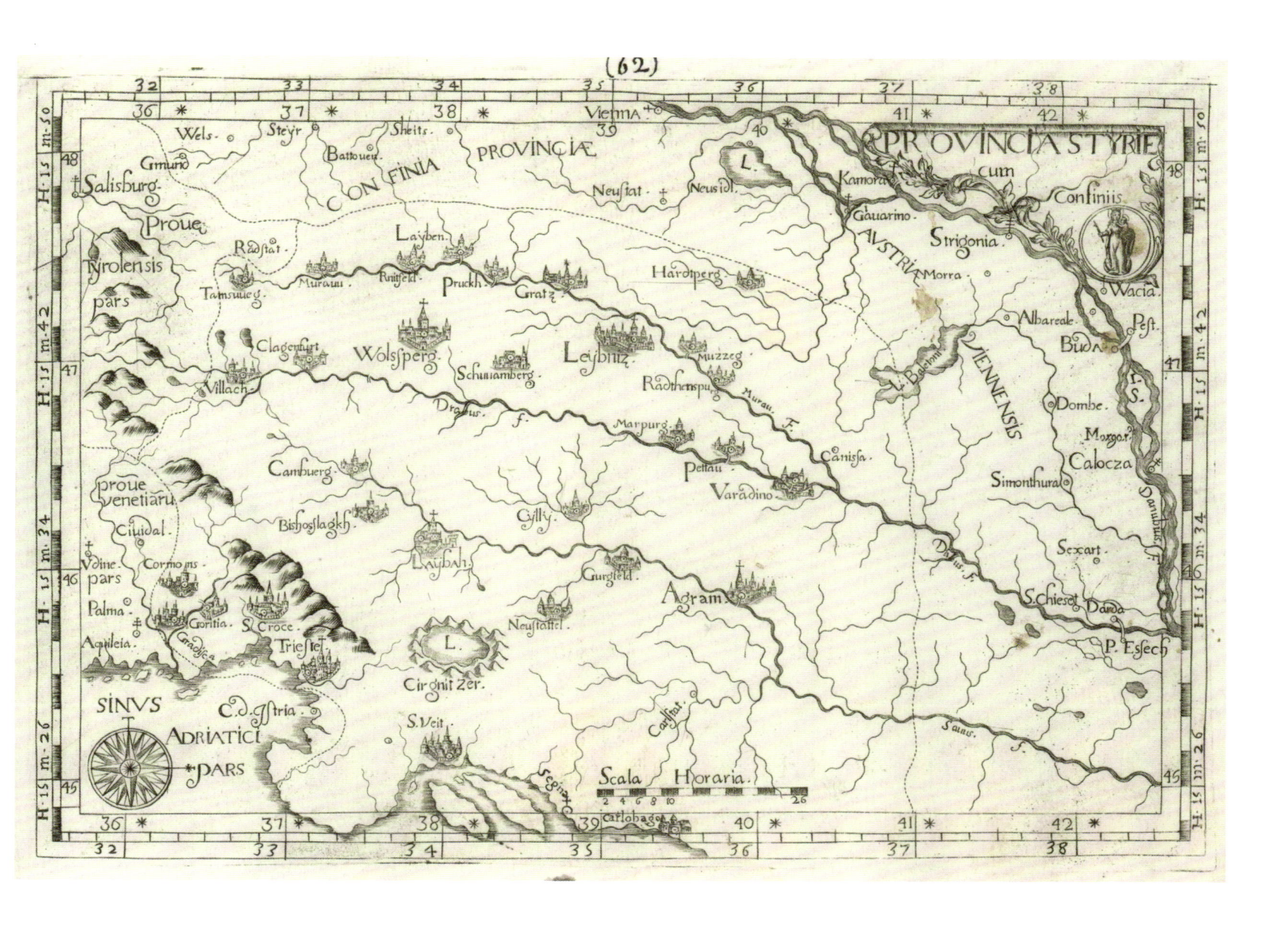

JOANNIS À MONTECALERIO

„Provincia Styrie cum confiniis".
Mailand, Joannis à Montecalerio, Giovanni Battista Cassini und Ambrosius Ramellatus, 1712.

Kupferstich, 22,2 × 32,8 cm

Aus „Chorographica Descriptio Provinciarum, et Conventuum Fratrum Minorum S. Francisci Capucinorum", einem Handbuch über die Niederlassungen des Franziskaner-Ordens, herausgegeben von Joannis à Montecalerio, Giovanni Battista Cassini und Ambrosius Ramellatus. Stark vereinfachte Darstellung des südlichen Teils des Österreichischen Kreises, mit eingetragenen Franziskaner-Klöstern in der gesamten Region.

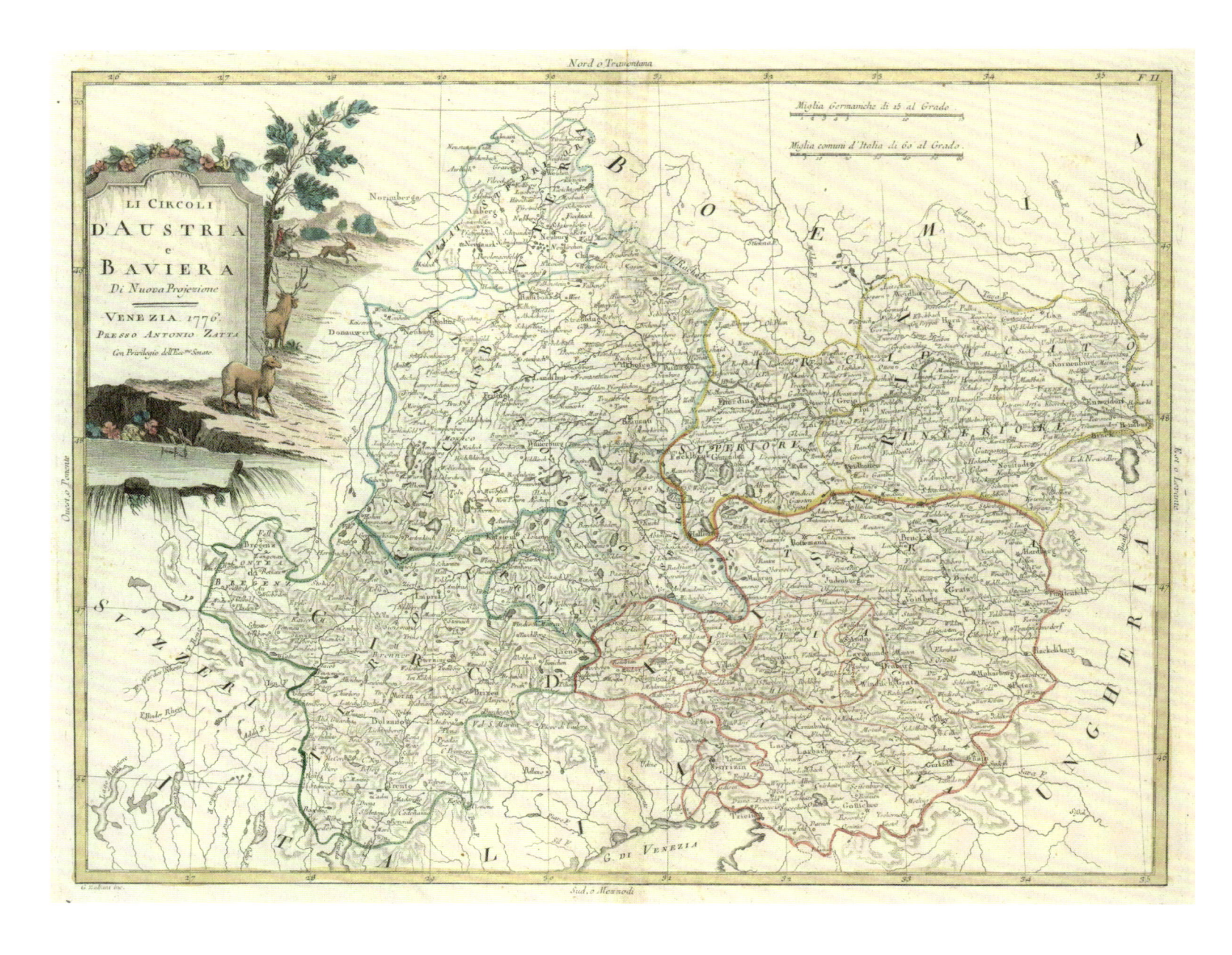

ANTONIO ZATTA

„Li Circoli d'Austria e Baviera Di Nuova Projezione".
Venedig, Antonio Zatta, 1776.

Kupferstich, koloriert, 31,5 × 41 cm

Der bekannte venezianische Kartograph Antonio Zatta gab zwischen 1779 und 1785 den vierbändigen „Atlante novissimo" heraus. Seine Karten sind nach damals neuesten geographischen und politischen Erkenntnissen gestaltet und zeichnen sich durch besonderen Detailreichtum aus.

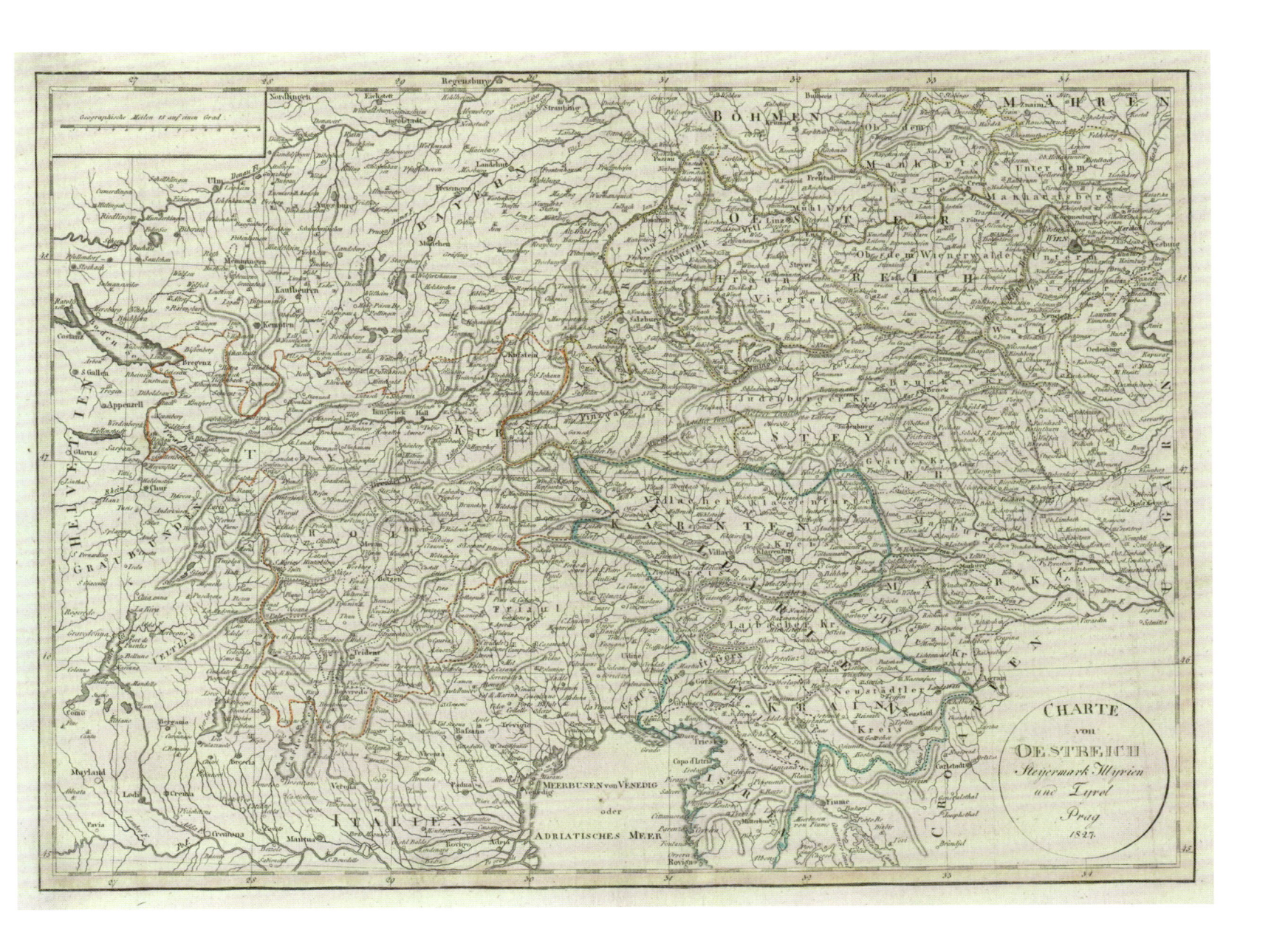

73

CHRISTIAN KARL ANDRÉ

„Charte von Oestreich Steyermark Illyrien und Tyrol".
Prag, [Johann Gottfried Calve], 1827.

Kupferstich, koloriert, 29,5 × 41 cm

Übersichtskarte der Region in kleinerem Maßstab, in Anlehnung an Sanson. Aus „Kaiserthum Oesterreich", dem 18. und 19. Band von „Neueste Länder- und Völkerkunde", herausgegeben vom bekannten deutschen Volksaufklärer Christian Karl André (Vater der damaligen Eigentümerin des Verlags J. G. Calve, Anna Tempsky).

Lit.:
Nebehay/Wagner, Bibliographie altösterreichischer Ansichtenwerke 48,18,8

GIOVANNI MARIA CASSINI

„La Parte Meridionale del Circolo dell'Austria".
Rom, Calcografia Camerale, 1796.

Kupferstich, koloriert, 33,5 × 47 cm

Hübsches Exemplar der Karte aus dem „Nuovo Atlante geografico universale", gestochen von Giovanni Maria Cassini, mit einer Kriegsszene als Illustration. Der bekannte Kartenverlag „Calcografia Camerale" (später „Calcografia Reale") druckte schon seit der ersten Hälfte des 17. Jahrhunderts Landkarten und Stadtansichten, damals noch unter dem Namen des Verlagsgründers Giovanni Giacomo de Rossi (s. a. Kat.-Nr. 65).

75

[FRANCESCO REMONDINI]

„Partie Meridionale du Cercle d'Autriche".
Venedig, Francesco Remondini, 1801.

Kupferstich, 10,5 × 12,5 cm

Aus „Atlas géographique…à l'usage des ecoles", einem kleinen Schulatlas auf Französisch, entstanden während der kurzen Herrschaft Napoleons in Venedig. Der Herausgeber Francesco Remondini gehörte zur vierten Generation der bekannten norditalienischen Verlegerfamilie, bei der zahlreiche Publikationen zum Thema Reise und Geographie erschienen sind.

AGOSTINO RABATTA / JEAN BAPTIST DE BAILLOU

„Circolo d'Austria".
Florenz, Aniello Lamberti, 1779.

Kupferstich, koloriert, 9,5 × 5,5 cm

Aus „Nuovo atlante generale, metodico ed elementare tascabile", einem Taschenatlas von Agostino Rabatta und Jean Baptist Baillou. Gleichzeitig auch Spielkarte für „Minchiate fiorentine", einer italienischen Art des Tarocks, hier mit Schwert als Farbe.

77

[BARTOLOMEO LUIGI DESPROTTI]

„Autriche".
Parma, Carmignani, 1790.

Kupferstich, koloriert, 11 × 6,7 cm

Karte von Österreich und der südlichen Nachbarregion, mit Klagenfurt in der Mitte. Ein Blatt aus dem Kartenspiel „Géographie de l'Europe", entstanden im Auftrag des Königlichen Adelskollegs von Parma, offensichtlich um das Lernen der Geographie auch in der Freizeit zu fördern. Als Autor gilt einer der Professoren am Kolleg, Bartolomeo Luigi Desprotti, der Stecher war Marco di Pietro aus Rom.

Lit.:
O'Donoghue, Catalogue of the collection of playing cards 10

JOHANN BAPTIST HOMANN, MATTHÄUS SEUTTER, TOBIAS CONRAD LOTTER

Der erfolgreichste deutsche Kartograph am Anfang des 18. Jahrhunderts war Johann Baptist Homann, der seinen Verlag für Landkarten und Globen 1702 in Nürnberg gründete. Auch wenn er meistens nach bereits bestehenden Vorlagen arbeitete, hatten seine Karten eigenen Charakter, sie waren übersichtlich und ansprechend gestaltet. Wegen dieser Eigenschaften waren sie besonders bei den Kunden in Ost- und Mitteleuropa beliebt. Bei der Erstausgabe 1716 bestand Homanns „Großer Atlas über die ganze Welt" aus 126 Karten, von denen viele schon vorher in kleineren Atlanten publiziert wurden. Durch den Erfolg stieg auch die Zahl der Karten von Auflage zu Auflage, ungefähr 200 waren es am Ende, und die meisten von ihnen fanden guten Absatz. Nach dem Tod Homanns führten seine Erben den Verlag weiter, konnten eine Zeitlang den geschäftlichen Erfolg fortsetzen, die Konkurrenz wurde aber immer größer. Kartographen aus dem Umfeld von Homann, wie sein Schüler Matthäus Seutter und später auch dessen Schüler Tobias Conrad Lotter, gründeten eigene Verlage und druckten Homanns Karten, nur unwesentlich verändert, unter ihrem eigenen Namen – das Urheberrecht im heutigen Sinne gab es damals noch nicht. Diesen beiden muss man allerdings zugestehen, dass sie ihre Arbeit auf hohem professionellem Niveau verrichteten und zum Teil sogar noch schönere Karten als die von Homann hervorgebracht haben.

Die Blätter dieser bekannten Kartenverleger, die Kärnten und die Nachbarländer betreffen, gelten als besonders dekorativ. Das beginnt mit der Karte des Herzogtums Kärnten (Kat.-Nr. 78, 82 und 83) und gilt gleichermaßen auch für Salzburg (Kat.-Nr. 79), Steiermark (Kat.-Nr. 80) und Krain mit der südlichen Region (Kat.-Nr. 84). Eine Besonderheit hier ist die Karte des Bistums Bamberg, mit einer kleinen Nebenkarte, auf der die Besitztümer des Hochstifts in Kärnten zu sehen sind (Kat.-Nr. 81). Homann wurde auch für mehrere andere Verleger zum Vorbild – hier als Beispiele Le Rouge (Kat.-Nr. 85), Jäger (Kat.-Nr. 86) und der Amsterdamer Verlag Elwe & Langeveld (Kat.-Nr. 87). Eine kleine Kuriosität ist die Karte von Johann Nepomuk Diewald (Kat.-Nr. 88), die von Homanns Erben (die übrigens bis 1848 unter diesem Namen existierten) am Anfang des 19. Jahrhunderts verlegt wurde.

78

JOHANN BAPTIST HOMANN

„Nova et accurata Carinthiae Ducatus tabula geographica, in Superiorem et Inferiorem divisa, cum insertis partibus, Archiepiscopatui Salisburgensi propriis, nec non Dynastiis aliquot, quae tempore S. Henrici Imperatoris circa A 1007, Episcopatui Bambergensi Donationis titulo accesserunt".
Nürnberg, Johann Baptist Homann, um 1720.

Kupferstich, koloriert, 49 × 58,5 cm

Aus dem „Großen Atlas über die ganze Welt", zum ersten Mal in einer Ausgabe um 1720 erschienen. Als Vorbild diente die Karte von Johann Baptist Zauchenberg (Kat.-Nr. 51), auch was die Ansichten betrifft. Neu dazugekommen ist die kleine Ansicht der Loibl-Straße nach Johann Weichard Valvasor. Die Kärnten-Karte von Homann zählt zu den bekanntesten und schönsten Karten des Landes.

Lit.:
Wutte, Kärnten im Kartenbilde der Zeiten 42
Höck/Leitner, Kärnten in alten Landkarten bis 1809 42
Nebehay/Wagner, Bibliographie altösterreichischer Ansichtenwerke 266,I,12
Sandler, J. B. Homann (1979) 61,158

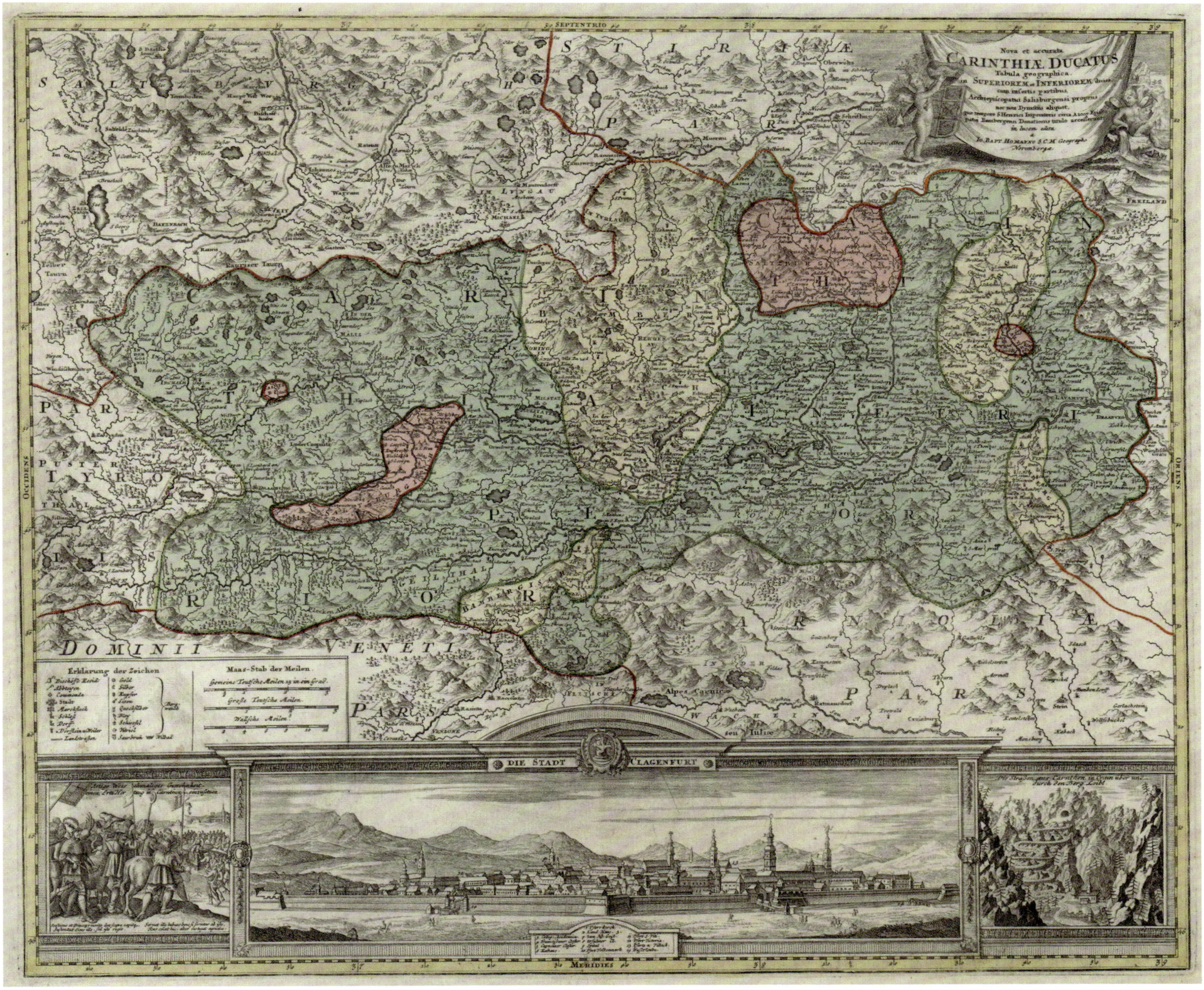

Nova et accurata
CARINTHIÆ DUCATUS
Tabula geographica
in SUPERIOREM et INFERIOREM divisa
cum insertis partibus
Archiepiscopatui Salisburgensi propriis
nec non Dynastiis aliquot
in lucem edita
a
Io. BAPT. HOMANNO S.C.M. Geographo
Norimbergæ
SEPTENTRIO
MERIDIES
OCCIDENS
ORIENS
DOMINII VENETI
Erklarung der Zeichen
Maas-Stab der Meilen
DIE STADT CLAGENFURT
FREILAND
Alpes Carnic

79

JOHANN BAPTIST HOMANN

„S.R.I. Principatus et Archiepiscopatus Salisburgensis cum Subjectis, Insertis, ac Finitimis Regionibus".
Nürnberg, Johann Baptist Homann, um 1720.

Kupferstich, koloriert, 48,5 × 57,5 cm

Aus dem „Großen Atlas über die ganze Welt". Entstanden nach der Karte von Odilo von Guetrather und bei Homann zum ersten Mal 1712 im „Atlas von hundert Charten" veröffentlicht. Im oberen Teil mit dem Porträt des Fürstbischofs Franz Anton Harrach, darunter eine als Globus dargestellte Karte der Salzburger Anteile in den Nachbarländern („Hierarchia Salisburgensis"), unter anderem mit den Bistümern Gurk und Lavant, weiter mit einer kleinen Karte der Wachau („Austria Salisburgensis") und Teilen Oberkärntens.

Lit.:
Schaup, Salzburg auf alten Landkarten 1551–1886/87 3.2
Dörflinger/Wagner/Wawrik, Descriptio Austriae 164
Sandler, J. B. Homann (1979) 59,78

S.R.I. PRINCIPATVS
et
ARCHIEPISCOPATUS
SALISBURGENSIS
cum Subjectis, Insertis, ac Finiti-
mis Regionibus
recenter et accurate elucubratus
per
A.R.P.O. de G.O.S.B.S.
in Michaël-Beyrn
operâ
IOH. BAPT. HOMANN
Sac. Caes. Maj. Geogra.
Norimbergæ
SEPTENTRIO
MERIDIES
OCCIDENS
ORIENS
BAVARIÆ PARS
AUSTRIÆ SUPERIORIS PARS
STIRIÆ PARS
CARINTHIÆ PARS
EPISCOPATUS BRIXI
NENSIS PARS
TIROLIS
ERZ STIFFT
SALZBURG
AUSTRIA SALISBURGENSIS
Erklärung der Zeichen

80

JOHANN BAPTIST HOMANN

„Ducatus Stiriae Novissima Tabula".
Nürnberg, Johann Baptist Homann, um 1720.

Kupferstich, koloriert, 48 × 55,5 cm

Aus dem „Großen Atlas über die ganze Welt". Homann hat diese Karte nach der großen Steiermark-Karte von Georg Matthäus Vischer aus 1678 hergestellt und zum ersten Mal 1712 im „Atlas von hundert Charten" veröffentlicht. Mit einer kleinen Gesamtansicht von Graz aus der Vogelperspektive nach Matthäus Merian.

Lit.:
Dörflinger/Wagner/Wawrik, Descriptio Austriae 156
Nebehay/Wagner, Bibliographie altösterreichischer Ansichtenwerke 266,I,11
Sandler, J. B. Homann (1979) 59,62

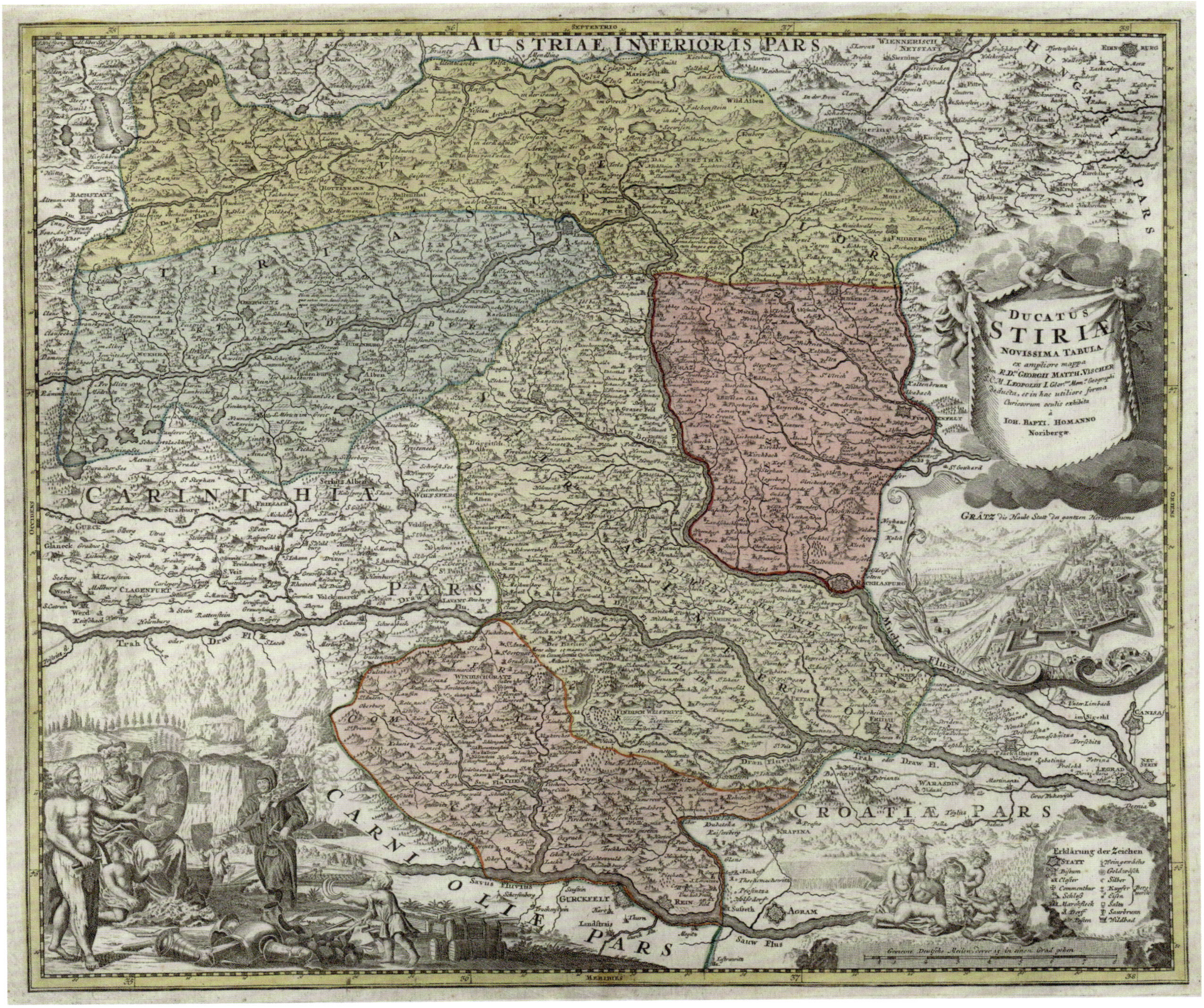
DUCATUS STIRIÆ
NOVISSIMA TABULA
ex ampliore mappa
R.D. GEORGII MATTH. VISCHER
LEOPOLDI I.
deducta, et in hac utiliore forma
Curiosorum oculis exhibita
à
IOH. BAPTI. HOMANNO
Noribergæ
GRÄTZ die Haubt Statt des gantzen Herzogthums
AUSTRIAE INFERIORIS PARS
HUNGARIÆ PARS
CARINTHIÆ PARS
CARNIOLIÆ PARS
CROATIÆ PARS
SEPTENTRIO
MERIDIES
OCCIDENS
ORIENS
Erklärung der Zeichen

81

JOHANN BAPTIST HOMANN

„Sac. Rom. Imperii Principatus et Episcopatus Bambergensis Nova Tabula Geographica".
Nürnberg, Johann Baptist Homann, um 1720.

Kupferstich, koloriert, 48 × 57 cm

Eine Kuriosität mit historischem Bezug zu Kärnten: im oberen Teil befindet sich die kleine Karte „Carinthiae Bambergensis tabula specialis", auf der die fünf Bambergischen Territorien im Lande dargestellt sind (Villach, Wolfsberg, Griffen, Bleiburg und Straßfried bei Thörl-Maglern). Aus dem „Großen Atlas über die ganze Welt", zum ersten Mal in einer Ausgabe um 1720 veröffentlicht.

Lit.:
Sandler, J. B. Homann (1979) 61,162

SAC. ROM. IMPERII
PRINCIPATUS & EPISCOPATUS
BAMBERGENSIS
Nova Tabula Geographica
in qua
Io. Bapt. Homanno S.C.M. Geographo
Norimbergæ
BAMBERG
CARINTHIÆ BAMBERGENSIS
TABULA SPECIALIS
SEPTENTRIO
MERIDIES
OCCIDENS
ORIENS
STIFFT BAMBERG
SCHWEINFURT
COBURG
CRONACH
BAYREUT
FORCHHEIM
NÜRNBERG
SULZBACH
AMBERG
WINSHEIM
CADOLTSBURG
2 gemeine teutsche Meilen
Maßstab von 4. Stunden

82

MATTHÄUS SEUTTER

„Carinthia Ducatus distincta in Superiorem et Inferior. Cum insertis Dominiis ad Archiep. Salisburgens. et Episcop. Bambergensis pertinentibus nova mappa Geographica". Augsburg, Matthäus Seutter, 1731/32.

Kupferstich, koloriert, 49,5 × 58 cm

Aus dem „Großen Atlas" von Matthäus Seutter, einem Schüler von Homann. Seine Karte unterscheidet sich nur unwesentlich von jener seines Lehrers (Kat.-Nr. 78), nur das Koordinatennetz fällt aus kartographischer Sicht auf. Die Ansicht von Klagenfurt ist jetzt im oberen Teil, der kleine Kupferstich mit dem Loiblpass ist in die Kartusche integriert, während die Herzogseinsetzung hier ganz entfällt.

Lit.:
Wutte, Kärnten im Kartenbilde der Zeiten 73
Höck/Leitner, Kärnten in alten Landkarten bis 1809 44
Sandler, J. B. Homann (1979) 9,68
Ritter, Seutter, Probst and Lotter, 134

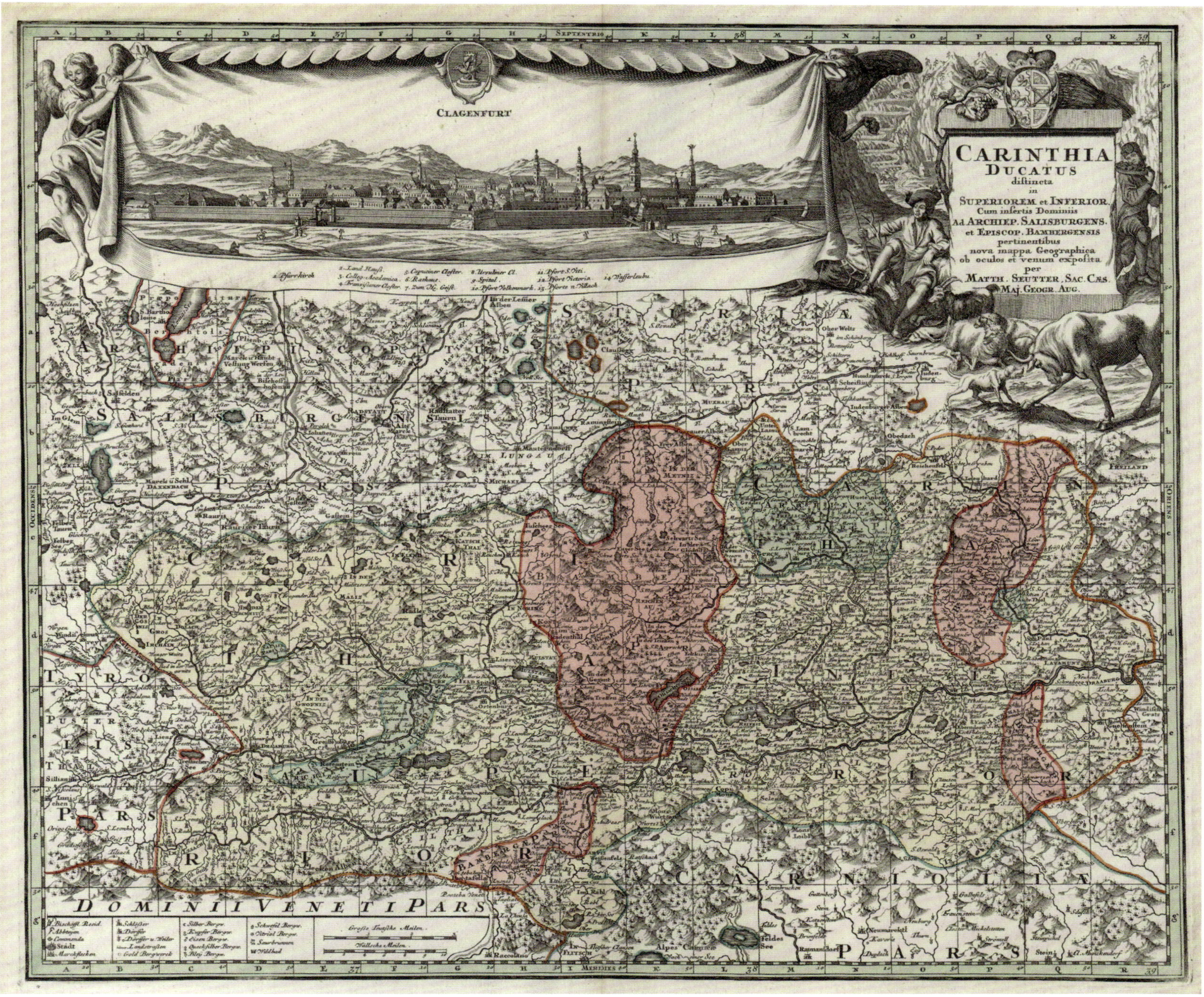
CLAGENFURT
CARINTHIA
DUCATUS
distincta
in
SUPERIOREM et INFERIOR.
Cum insertis Dominiis
Ad ARCHIEP. SALISBURGENS.
et EPISCOP. BAMBERGENSIS
pertinentibus
nova mappa Geographica
ob oculos et venum exposita
per
MATTH. SEUTTER, SAC. CÆS.
Maj. GEOGR. AUG.
DOMINII VENETI PARS
TYROL
CARNIOLIA
SEPTENTRIO
MERIDIES
OCCIDENS
ORIENS

83

TOBIAS CONRAD LOTTER

„Carinthia ducatus distincta in Superiorem et Inferior. Cum insertis Dominiis ad Archiep. Salisburgens. et Episcop. Bambergensis pertinentibus nova mappa Geographica". Augsburg, Tobias Conrad Lotter, um 1775.

Kupferstich, koloriert, 49,5 × 58 cm

Aus „Atlas novus" von Tobias Conrad Lotter, der nach dem Tod seines Lehrers und Schwiegervaters Matthäus Seutter auch einen Teil von dessen Kartenverlag übernommen hat.

Lit.:
Wutte, Kärnten im Kartenbilde der Zeiten 73
Höck/Leitner, Kärnten in alten Landkarten bis 1809 45
Ritter, Landkarten von Tobias Conrad Lotter 44

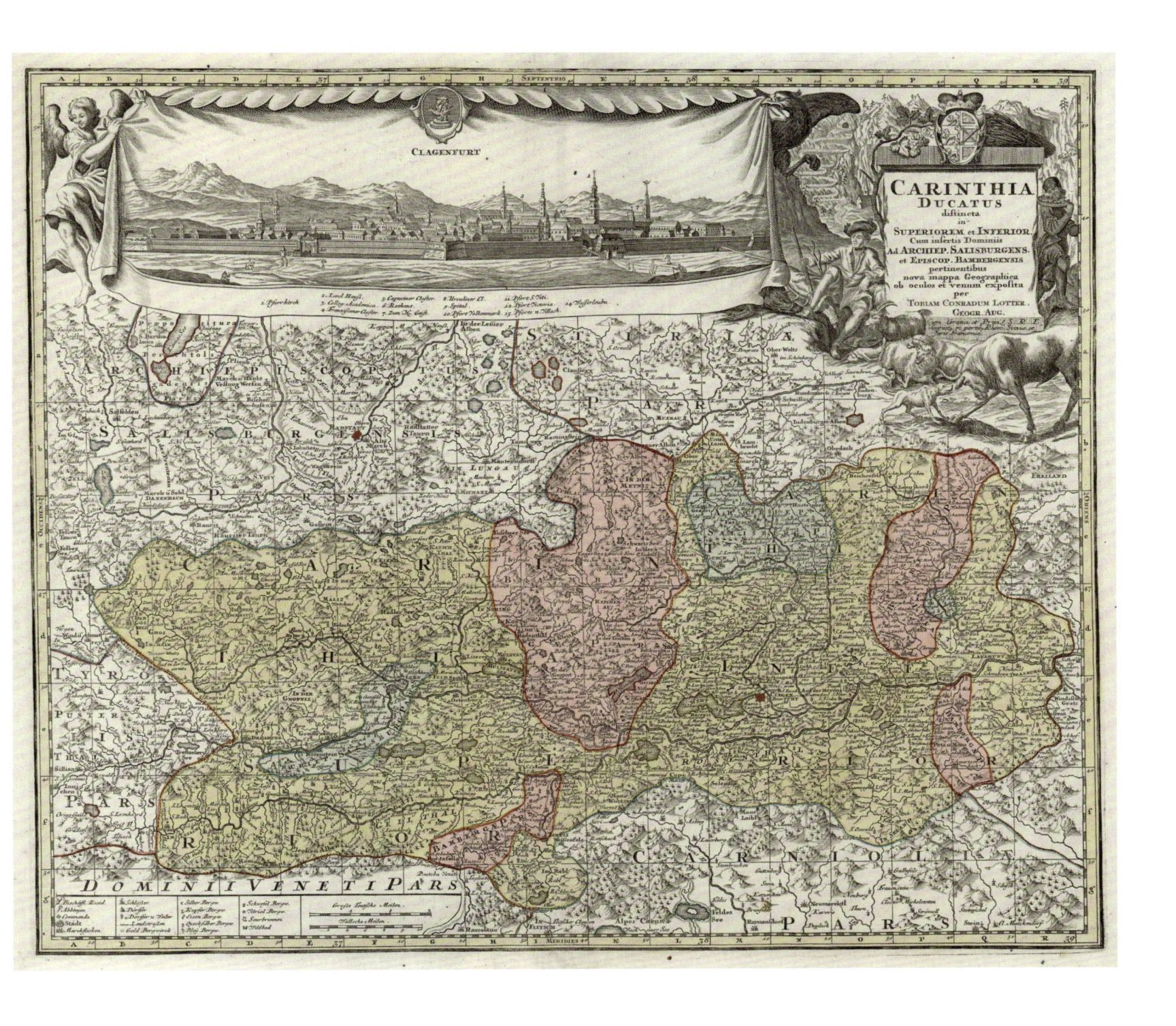

CARINTHIA
DUCATUS
distincta in
SUPERIOREM et INFERIOREM,
Cum insertis Dominiis
Ad ARCHIEP. SALISBURGENS.
et EPISCOP. BAMBERGENSIS
pertinentibus
nova mappa Geographica
ob oculos et venum exposita
per
TOBIAM CONRADUM LOTTER
GEOGR. AUG.

84

TOBIAS CONRAD LOTTER

„Exactissima Ducatus Carniolae Vindorum Marchiä et Histriae delineatio".
Augsburg, Tobias Conrad Lotter, um 1775.

Kupferstich, koloriert, 49,5 × 57,5 cm

Aus „Atlas novus" von Tobias Conrad Lotter, entstanden nach der Karte von Johann Baptist Homann „Tabula Ducatus Carniolae", die zum ersten Mal 1714 erschienen ist.

Lit.:
Ritter, Seutter, Probst and Lotter 134

Exactissima
DUCATUS
CARNIOLÆ
VINIDORUM MARCHIÆ
et
HISTRIÆ
delineatio
cura et cælo
TOB. CONR. LOTTER, GEOGR.
AUG. VIND.
SEPTENTRIO
MERIDIES
CARINTHIÆ PARS
DUCATUS
CROATIA
MARE ADRIATICUM
GOLFO de TRIESTE
SINUS FLANATICUS
Auf dem Karst
LAYBACH
TRIEST
AGRAM
CARLSTAT
Capo de Histria
Cum Gratia et Priv. S.R.I. Vicariat. in partib. Rheni Sveviae, et Juris Franconici.
Milliaria Germanica Communia

85

GEORGES-LOUIS LE ROUGE

„Le Duché de Carinthie Suivant les dernieres Observations".
Paris, Georges-Louis Le Rouge, 1742.

Kupferstich, koloriert, 48,5 × 55 cm

Aus „Recueil contenant des cartes nouvelles" von Georges-Louis Le Rouge. Eine Wiedergabe der Karte von Homann (Kat.-Nr. 78), nur ohne den barocken Kartenschmuck.

Lit.:
Höck/Leitner, Kärnten in alten Landkarten bis 1809 43

86

JOHANN WILHELM JÄGER

„Carte topographique d'Allemagne, contenant le Duché de Carinthie Superieur et Inferieur, et une Partie du Duché de Carniole".
Frankfurt am Main, Johann Wilhelm Jäger, 1789.

Kupferstich, koloriert, 47 × 65,5 cm

Aus „Grand Atlas d'Allemagne en LXXXI feuilles" von Johann Wilhelm Jäger, dem ersten Atlas deutscher Länder mit einem einheitlichen Maßstab (1:225.000).

87

JAN BAREND ELWE / DIRK MELAND LANGEVELD

„Kaart vant'Hartogdom Carenthien".
Amsterdam, Jan Barend Elwe & Dirk Meland Langeveld, 1791.

Kupferstich, koloriert, 14,5 × 25,2 cm

Aus „Volkomen Reis-Atlas van gehel Duitschland, vervat in zeer juiste kaarten", einem praktischen Reiseatlas der deutschen Länder aus dem bekannten Amsterdamer Verlag.

Lit.:
Koeman, Atlantes Neerlandici II, El 1,9

88

JOHANN NEPOMUK DIEWALD

„Das Herzogthum Kärnthen".
Nürnberg, Homanns Erben, 1808.

Kupferstich, koloriert, 44 × 55,5 cm

Hier diente in kartographischer Hinsicht Joseph Karl Kindermann als Vorbild – die äußere Gestaltung erinnert aber noch immer an die ursprüngliche Karte von Homann.

Lit.:
Wutte, Kärnten im Kartenbilde der Zeiten 83
Höck/Leitner, Kärnten in alten Landkarten bis 1809 55

ÖSTERREICHISCHE ATLANTEN UM 1800

Ein wichtiger Teil der Sammlung Lerchbaumer besteht aus Karten, die in österreichischen Atlanten um 1800 veröffentlicht wurden. Zwei von ihnen, „Atlas von Innerösterreich" von Joseph Karl Kindermann (Graz, 1789–1797, mit 12 Karten) und „Natur und Kunst-Producten Atlas der Oesterreichischen deutschen Staaten" von Wilhelm Blum von Kempen (Wien, 1796, mit 13 Karten) sind in der Sammlung komplett enthalten. Hier werden daraus nur jene Blätter vorgestellt, die am meisten Bezug zu Kärnten haben – von Kindermann sind das die Katalognummern 93 bis 95, von Blum die Nummern 97 bis 100. Ein weiteres Blatt von Kindermann entstammt seinem „Atlas des Österreichischen Kaiserthums" aus 1805 (Kat.-Nr. 96). Aus dem mehrbändigen Atlas „Schauplatz der fünf Teile der Welt" des Wiener Kartographen Franz Johann Joseph von Reilly befinden sich hier eine Übersichtskarte und drei Teilkarten von Kärnten (Kat.-Nr. 89–92). Interessant sind auch die kleinen Karten, die aus einem Post-Atlas und einem Taschenatlas stammen (Kat.-Nr. 101–104). Den Katalog schließen zwei typische Karten aus dem bekannten Wiener Verlag von Tranquillo Mollo ab (Kat.-Nr. 105 und 106).

89

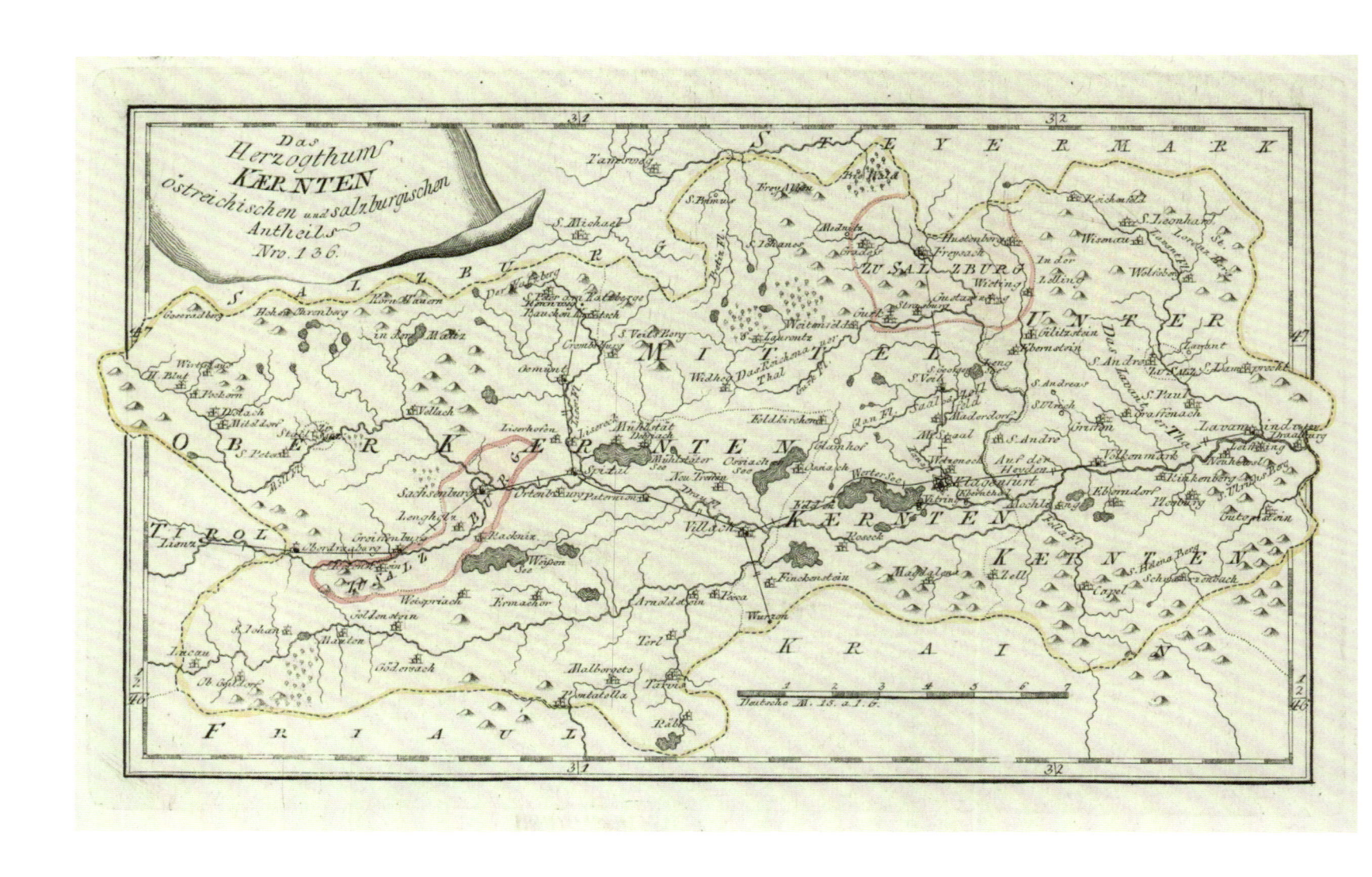

FRANZ JOHANN JOSEPH VON REILLY

„Das Herzogthum Kaernten östreichischen und salzburgischen Antheils".
Wien, Franz Johann Joseph von Reilly, 1791.

Kupferstich, koloriert, 17,6 × 30,2 cm

Karte Nr. 136 aus dem Atlas „Schauplatz der fünf Teile der Welt", herausgegeben von Franz Johann Joseph von Reilly. Das vierbändige Werk deckte mit seinen 826 Karten, gestochen von Ignaz Albrecht, die meisten europäischen Länder ab.

Lit.:
Wutte, Kärnten im Kartenbilde der Zeiten 73
Atlantes Austriaci I/1, 88 (Rei A 136)

90

FRANZ JOHANN JOSEPH VON REILLY

„Unter Kaernten mit den salzburgischen Antheilen".
Wien, Franz Johann Joseph von Reilly, 1791.

Kupferstich, koloriert, 22,7 × 25 cm

Karte Nr. 137 aus dem Atlas „Schauplatz der fünf Teile der Welt". Das Unterkärnten-Blatt von Reilly umfasst, anders als bei Kindermann (Kat.-Nr. 94), nur den östlichen Teil des Klagenfurter Kreises. Der westliche Teil wird bei Reilly als „Mittelkärnten" geführt (Kat.-Nr. 91).

Lit.:
Wutte, Kärnten im Kartenbilde der Zeiten 73
Atlantes Austriaci I/1, 88 (Rei A 137)

91

FRANZ JOHANN JOSEPH VON REILLY

„Mittel Kaernten".
Wien, Franz Johann Joseph von Reilly, 1791.

Kupferstich, koloriert, 22,8 × 25,7 cm

Karte Nr. 138 aus dem Atlas „Schauplatz der fünf Teile der Welt". Die einzige bekannte ältere Karte, die Mittelkärnten als eine Einheit darstellt.

Lit.:
Wutte, Kärnten im Kartenbilde der Zeiten 73
Atlantes Austriaci I/1, 88 (Rei A 138)

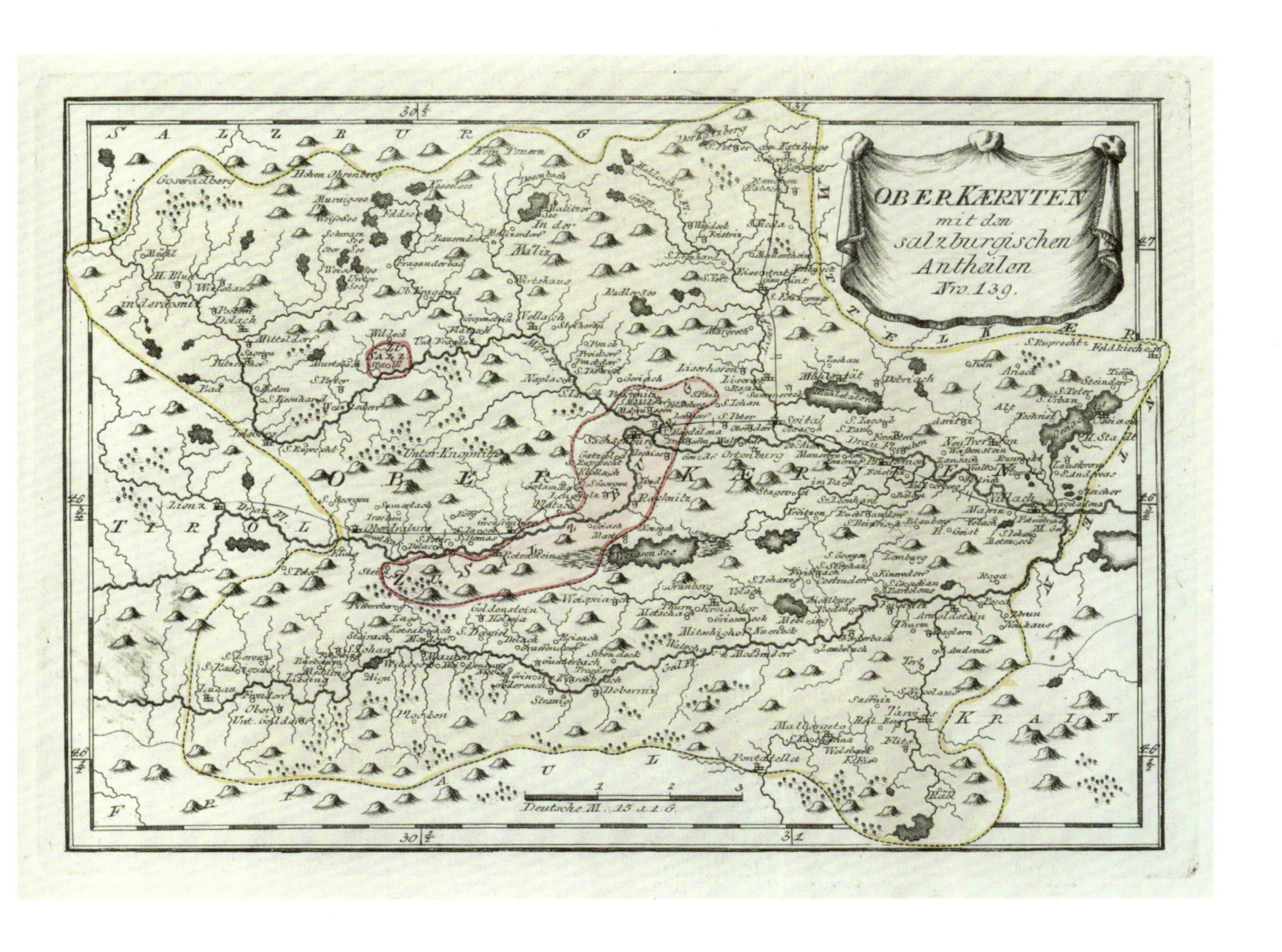

92

FRANZ JOHANN JOSEPH VON REILLY

„Ober-Kaernten mit den salzburgischen Antheilen".
Wien, Franz Johann Joseph von Reilly, 1791.

Kupferstich, koloriert, 22 × 31 cm

Karte Nr. 139 aus dem Atlas „Schauplatz der fünf Teile der Welt". Wegen des sorgfältig ausgearbeiteten Flussnetzes und den vielen Seen eine der dekorativsten Karten von Reilly.

Lit.:
Wutte, Kärnten im Kartenbilde der Zeiten 73
Höck/Leitner, Kärnten in alten Landkarten bis 1809 51
Atlantes Austriaci I/1, 88 (Rei A 139)

93

JOSEPH KARL KINDERMANN

„Die Provinz Inner-Oesterreich oder die Herzogthümer Steyermark, Kaernten und Krain, die Grafschaften Goerz und Gradisca und das deutsch-österreichische Litorale".
Graz, Franz Xaver Miller, 1794.

Kupferstich, 52 × 61,5 cm

Blatt 1 (Übersichtskarte) aus dem „Atlas von Innerösterreich" von Joseph Karl Kindermann. Kindermann hat sich ausführlich mit der Landeskunde der Region befasst und sein Atlas schließt an geographische Beschreibungen aus seinen Publikationen an. Als Kartograph orientierte er sich an zeitgenössischen französischen Vorbildern und an der Josephinischen Landesaufnahme. Die Druckplatten stammen vom Wiener Kupferstecher Christoph Junker.

Lit.:
Wutte, Kärnten im Kartenbilde der Zeiten 83
Dörflinger/Wagner/Wawrik, Descriptio Austriae 194
Atlantes Austriaci I/1, 63 (Mil/Kind A, 1)

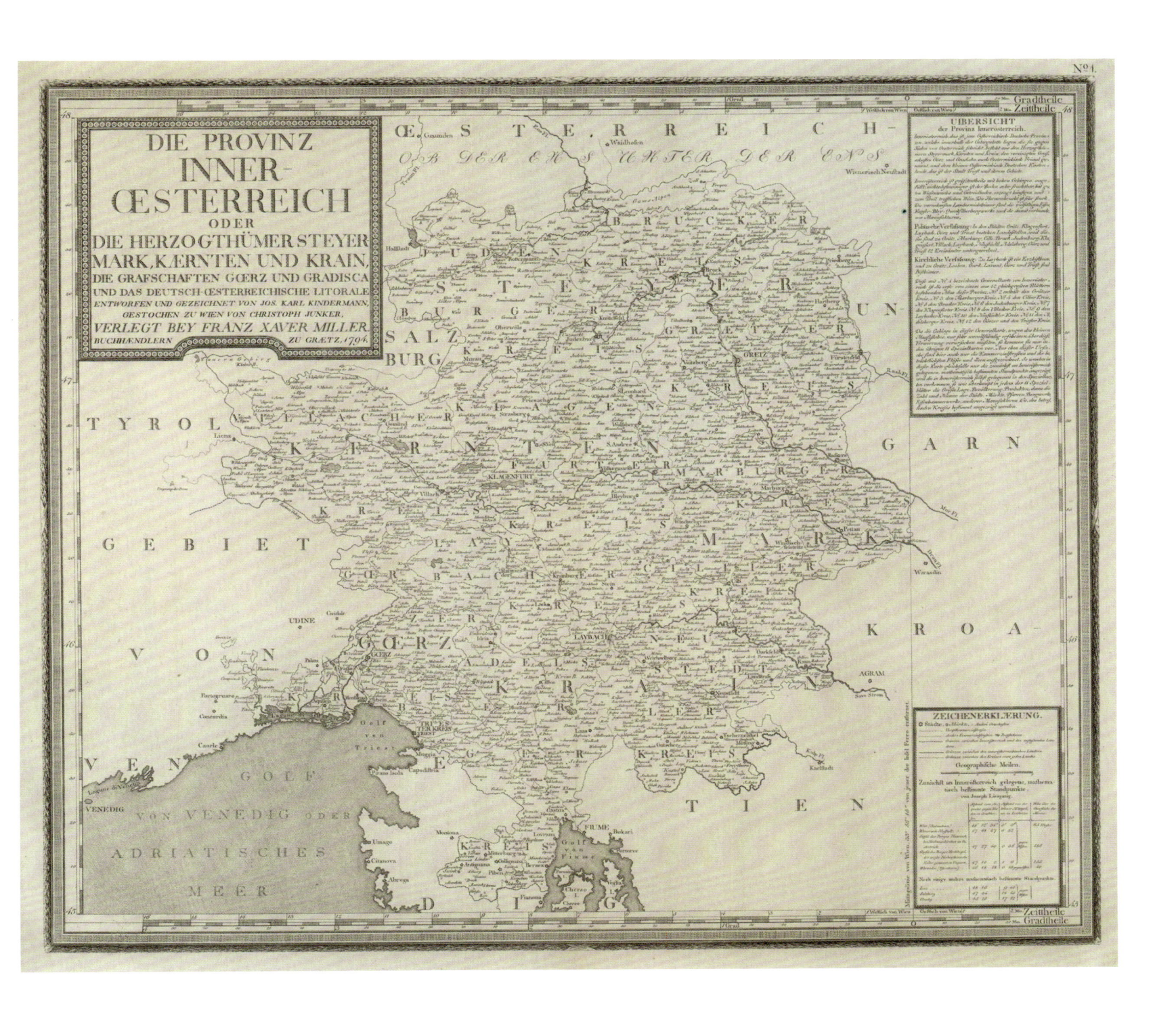

DIE PROVINZ INNER-ŒSTERREICH ODER DIE HERZOGTHÜMER STEYERMARK, KÆRNTEN UND KRAIN, DIE GRAFSCHAFTEN GOERZ UND GRADISCA UND DAS DEUTSCH-OESTERREICHISCHE LITORALE ENTWORFEN UND GEZEICHNET VON JOS. KARL KINDERMANN, OESTOCHEN ZU WIEN VON CHRISTOPH JUNKER. VERLEGT BEY FRANZ XAVER MILLER BUCHHÆNDLERN ZU GRÆTZ, 1794.

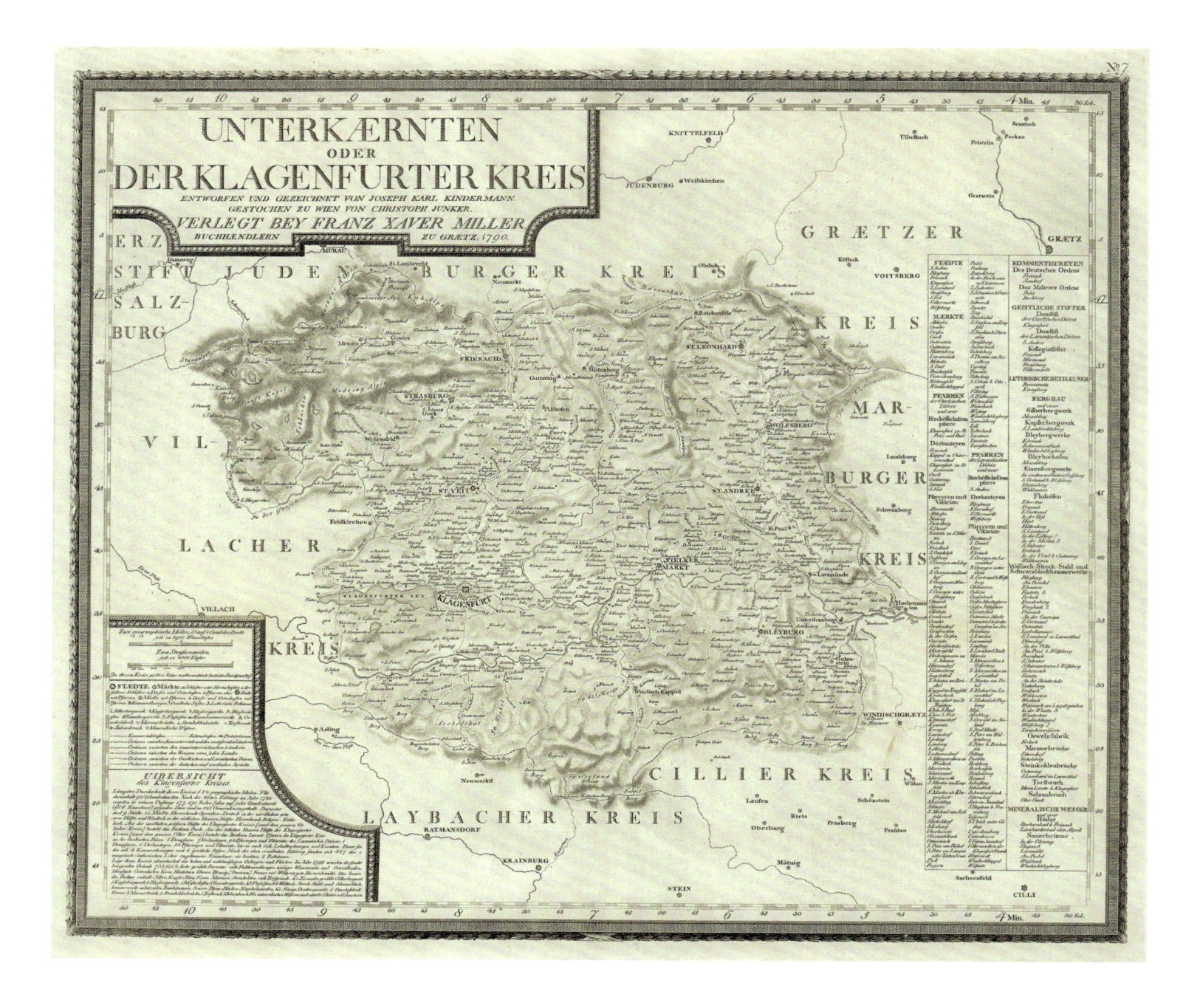

JOSEPH KARL KINDERMANN

„Unterkaernten oder der Klagenfurter Kreis".
Graz, Franz Xaver Miller, 1790.

Kupferstich, 52 × 60 cm

Blatt 7 aus dem „Atlas von Innerösterreich". Karte der Verwaltungseinheit Klagenfurter Kreis, mit zahlreichen topographischen Details und nützlichen Informationen, die vorher noch nie erfasst wurden. Eine kleine Besonderheit ist auch die eingezeichnete Grenze zwischen den deutsch- und slowenischsprachigen Gebieten Kärntens zur damaligen Zeit.

Lit.:
Wutte, Kärnten im Kartenbilde der Zeiten 82
Höck/Leitner, Kärnten in alten Landkarten bis 1809 48
Dörflinger/Wagner/Wawrik, Descriptio Austriae 194
Atlantes Austriaci I/1, 63 (Mil/Kind A, 7)

95

JOSEPH KARL KINDERMANN

„Oberkaernten oder der Villacher Kreis".
Graz, Franz Xaver Miller, 1791.

Kupferstich, 52,5 × 61,5 cm

Blatt 8 aus dem „Atlas von Innerösterreich". Auch für Oberkärnten bringt die Karte von Kindermann die erste umfangreiche Erfassung topographischer und statistischer Daten.

Lit.:
Wutte, Kärnten im Kartenbilde der Zeiten 82
Höck/Leitner, Kärnten in alten Landkarten bis 1809 49
Wawrik/Zeilinger, Austria picta 102–103
Atlantes Austriaci I/1, 63 (Mil/Kind A 8)

96

JOSEPH KARL KINDERMANN

„Charte von Kaernten und Krain, nebst den Grafschaften Görz und Gradiska und dem Gebiethe von Triest".
Wien, Kunst- und Industrie-Comptoir, 1803.

Kupferstich, koloriert, 45,5 × 56 cm

Aus dem zweiten Atlas von Kindermann, „Atlas des Österreichischen Kaiserthums", erschienen 1805. Er bestand aus 40 Karten, acht davon, inklusive diese Übersichtskarte, hat Kindermann vor seinem Tod 1801 selbst entworfen. Nach ihm übernahmen Karl Joseph Kipferling und Joseph Marx von Liechtenstern die weitere Herausgabe des Werkes.

Lit.:
Wutte, Kärnten im Kartenbilde der Zeiten 83
Höck/Leitner, Kärnten in alten Landkarten bis 1809 54
Atlantes Austriaci I/1, (KIC A, 12)

CHARTE
von
KÆRNTHEN UND KRAIN,
nebst den
GRAFSCHAFTEN GÖRZ UND GRADISKA
und dem
GEBIETHE von TRIEST.
Entworfen und gezeichnet
von
I. K. Kindermann
WIEN,
Im Verlage des Kunst und Industrie Comptoirs
1800.

Carte
de la
CARINTHIE ET DE LA CARNIOLE
avec
LES COMTÉS DE GORICE ET DE GRADISCA
ET LE GOUVERNEMENT
DE TRIESTE.

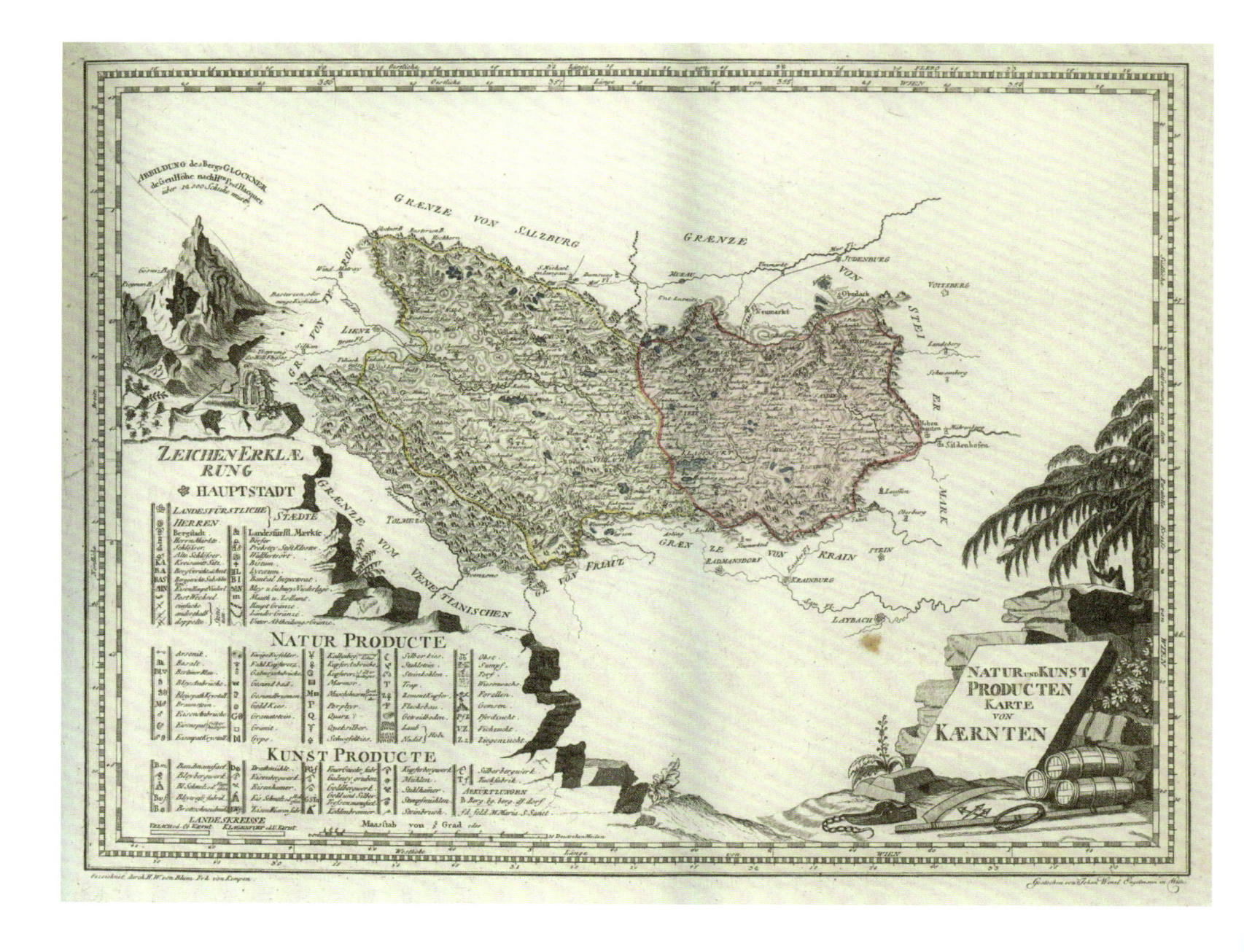

HEINRICH WILHELM BLUM VON KEMPEN

„Natur und Kunst Producten Karte von Kaernten".
Wien, Johann Otto, 1796.

Kupferstich, koloriert, 26,5 × 35 cm

Aus dem „Natur und Kunst Producten Atlas der Oesterreichischen, Deutschen Staaten"
von Heinrich Wilhelm Blum Freiherr von Kempen. Das Kärnten-Blatt wurde vom Wiener
Kupferstecher Johann Wenzel Engelmann gestochen. Typisch für die Karten von Blum sind
die zahlreichen Symbole für Schulen, Schlösser, Betriebe, Poststationen usw. Dazu kommen
Bezeichnungen für „Natur-Producte" – Erzvorkommen, Landwirtschaft, Tierzucht usw. –
und für „Kunst-Producte" (im Sinne von Verarbeitung) – Bergbau, Mühlen, Steinbrüche,
Fabriken usw. Im oberen Teil mit einer kleinen Ansicht vom Großglockner, daneben
„Basterzen oder ewige Eisfelder".

Lit.:
Atlantes Austriaci I, 78 (Ott/Blum A, VI)

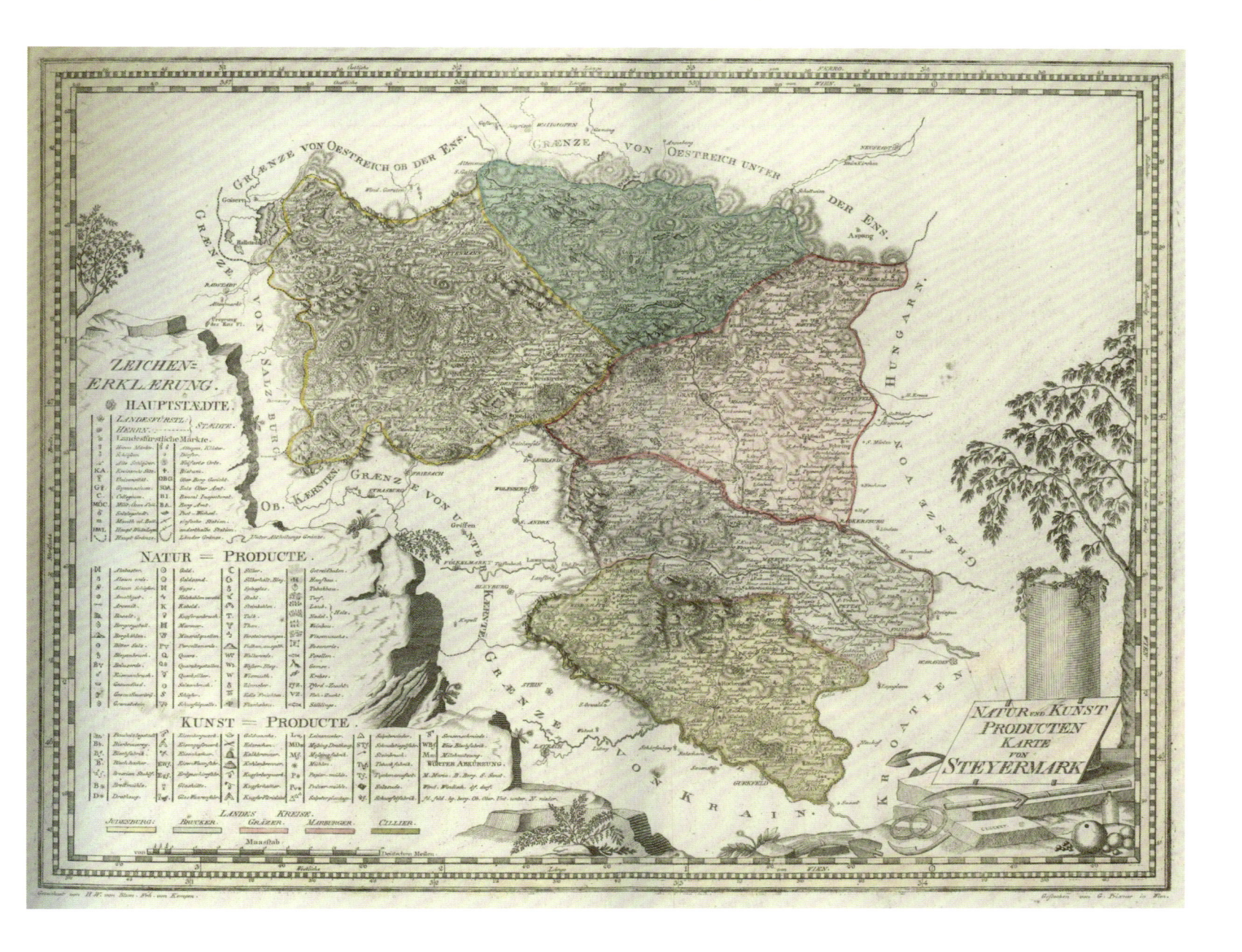

98

HEINRICH WILHELM BLUM VON KEMPEN

„Natur und Kunst Producten Karte von Steyermark".
Wien, Johann Otto, 1796.

Kupferstich, koloriert, 26,5 × 35 cm

Die Fülle an verschiedenen Informationen, die Blum in seinen Karten unterbringen wollte, geht an manchen Stellen auf die Kosten der Übersichtlichkeit. Durch die aufmerksame Arbeit des Kupferstechers, hier ist es Gottfried Prixner, wird die Dichte der Angaben zum Teil neutralisiert.

Lit.:
Dörflinger/Wagner/Wawrik, Descriptio Austriae 199
Atlantes Austriaci I, 78 (Ott/Blum A, V)

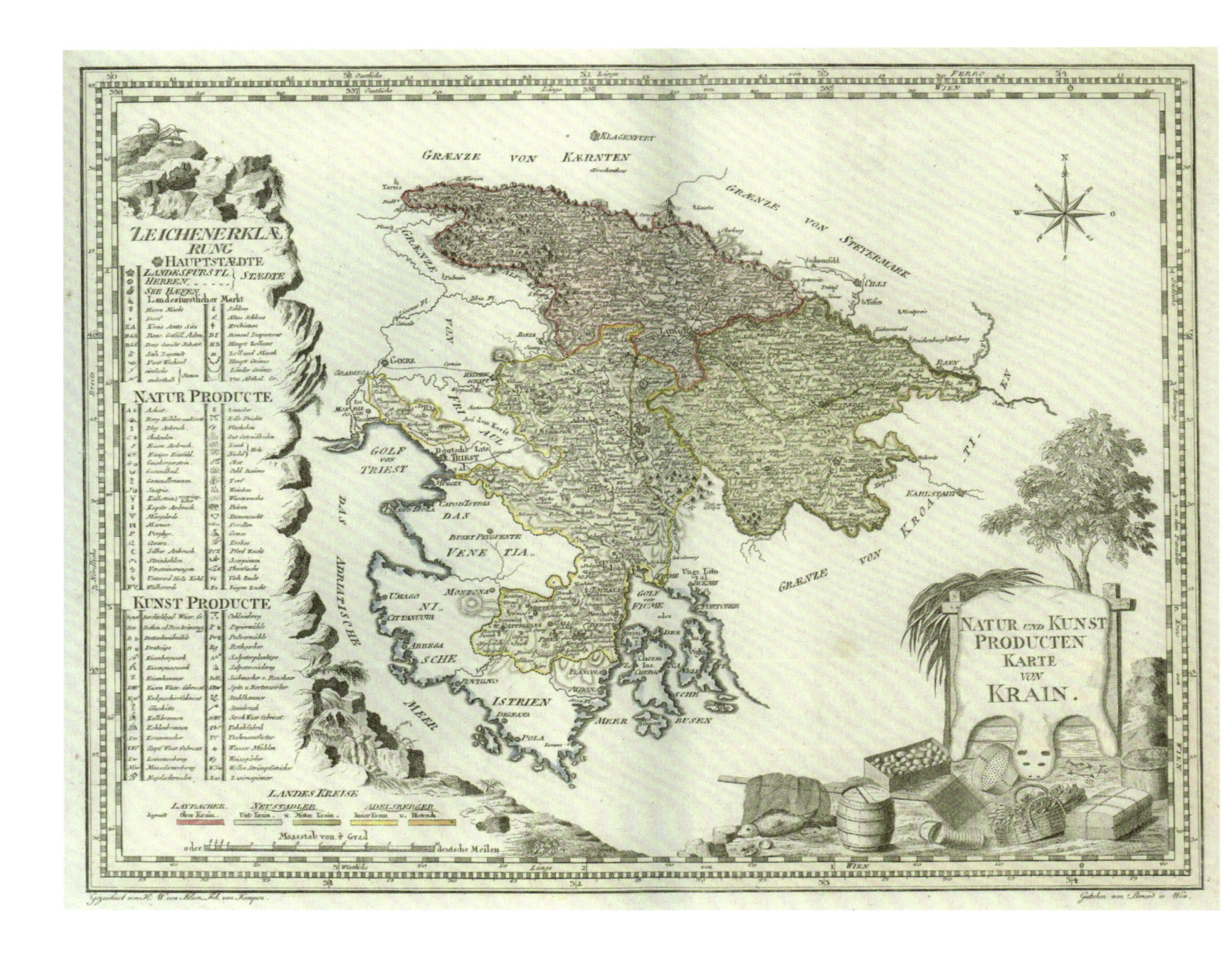

HEINRICH WILHELM BLUM VON KEMPEN

„Natur und Kunst Producten Karte von Krain".
Wien, Johann Otto, 1796.

Kupferstich, koloriert, 26,5 × 35 cm

Die Karte von Krain, mit weitläufigen administrativen Grenzen. Die Kartusche hat ein Bärenfell als Unterlage, damals noch ein wichtiges Produkt des Landes.

Lit.:
Atlantes Austriaci I, 78 (Ott/Blum A, VII)

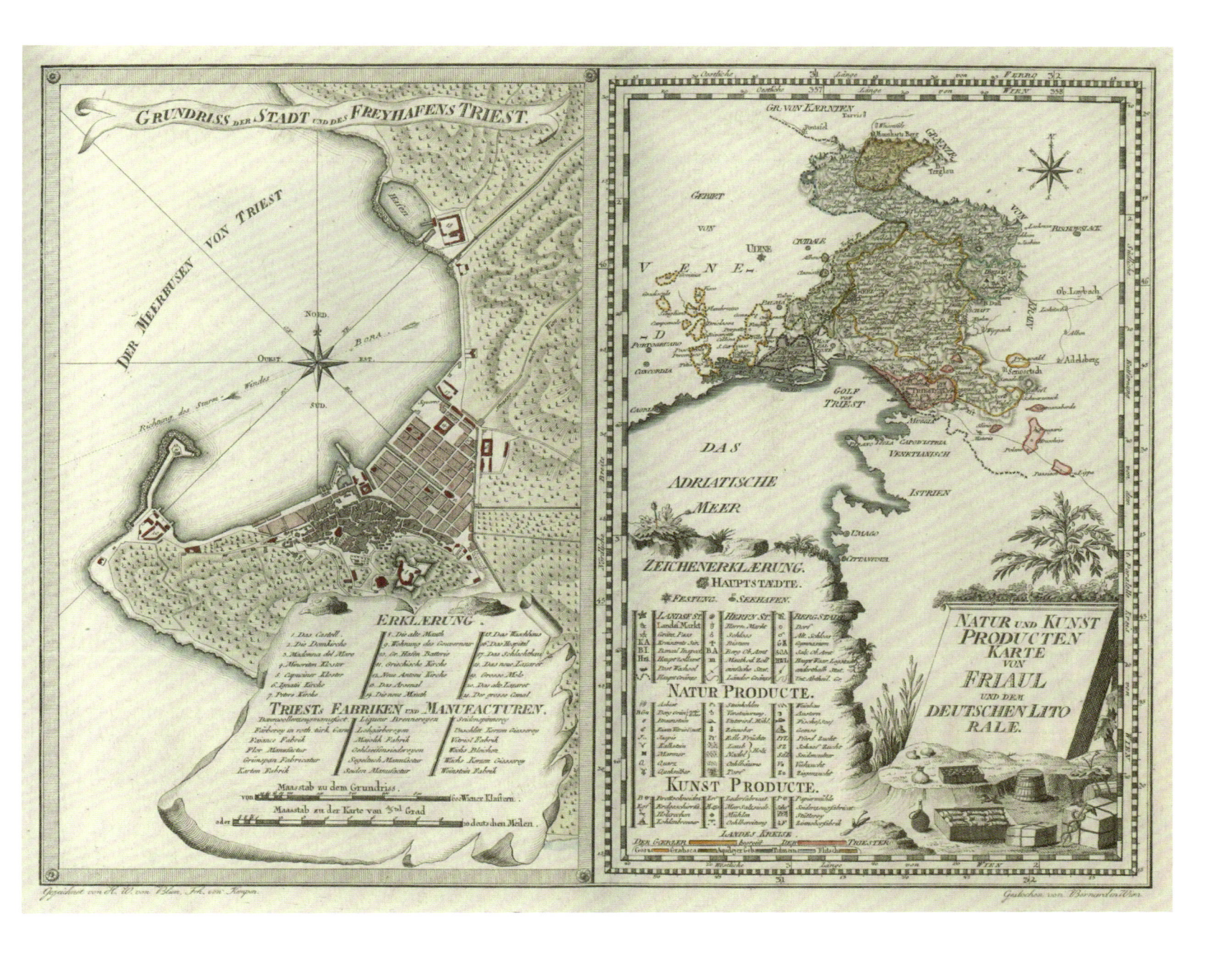

100

HEINRICH WILHELM BLUM VON KEMPEN

„Natur und Kunst Producten Karte von Friaul und dem deutschen Litorale"/„Grundriss der Stadt und des Freyhafens Triest".
Wien, Johann Otto, 1796.

Kupferstich, koloriert, 26,5 × 35 cm

Der Stadtplan von Triest wurde hier in gleicher Größe wie die Karte der umgebenden Landesteile geboten, was auf die besondere Bedeutung des Triester Hafens hindeutet.

Lit.:
Atlantes Austriaci I, 78 (Ott/Blum A, VIII)

101

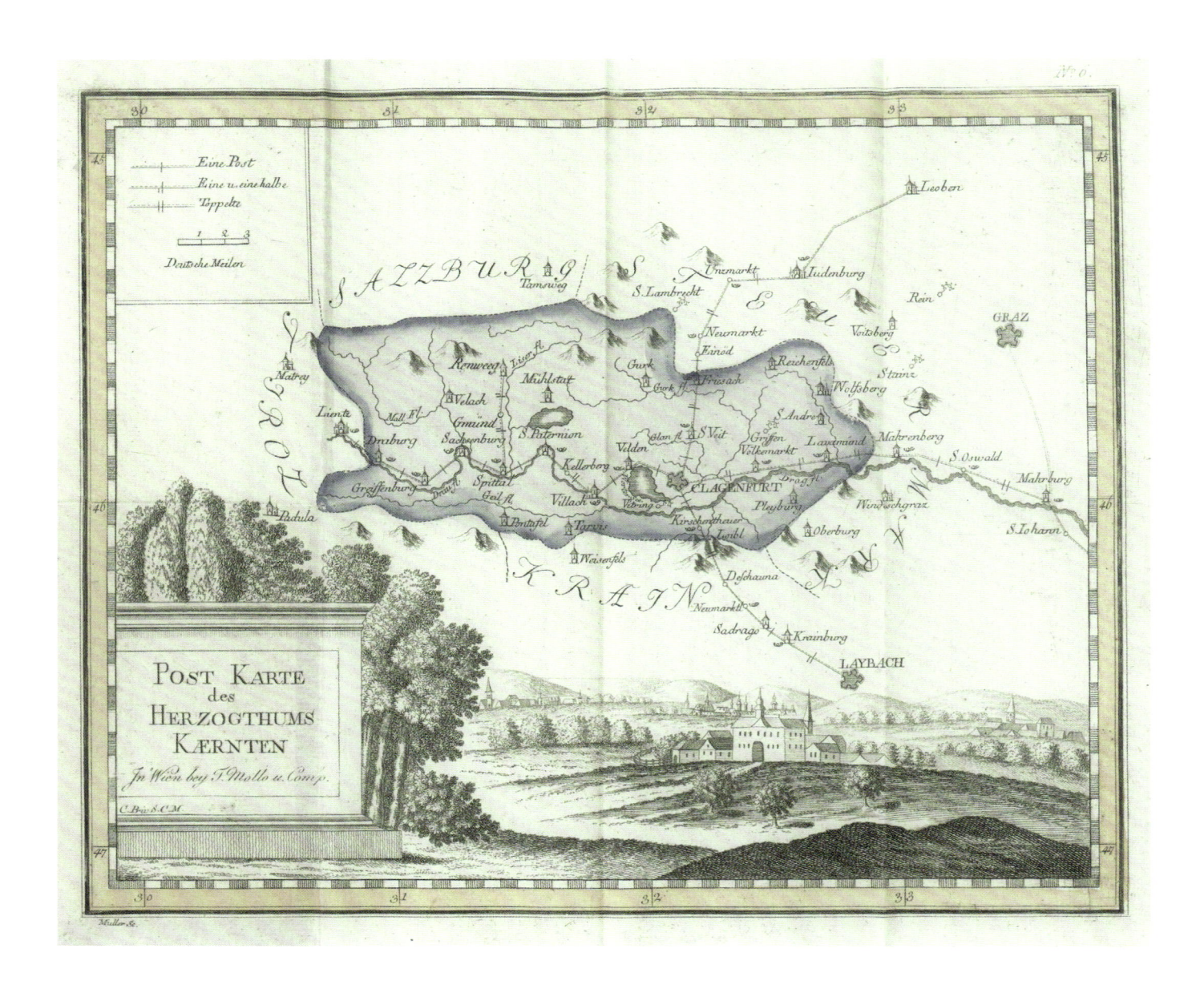

JAKOB A. JECKL

„Post Karte des Herzogthums Kaernten".
Wien, Tranquillo Mollo, um 1800.

Kupferstich, koloriert, 20 × 25 cm

Aus einem kleinen Reiseatlas mit 12 Routenkarten der österreichischen Post, der zum ersten Mal 1786 im Verlag von Christoph Torricella in Wien erschienen ist. Die Karten wurden mehrfach gefaltet und in einem praktischen und reisetauglichen Schuber untergebracht. Sie stammen von Jakob A. Jeckl und wurden von Franz Müller in Kupfer gestochen. Mit einer kleinen Ansicht des Schlosses Welzenegg und den Umrissen von Klagenfurt im Hintergrund.

Lit.:
Dörflinger/Wagner/Wawrik, Descriptio Austriae 192

102

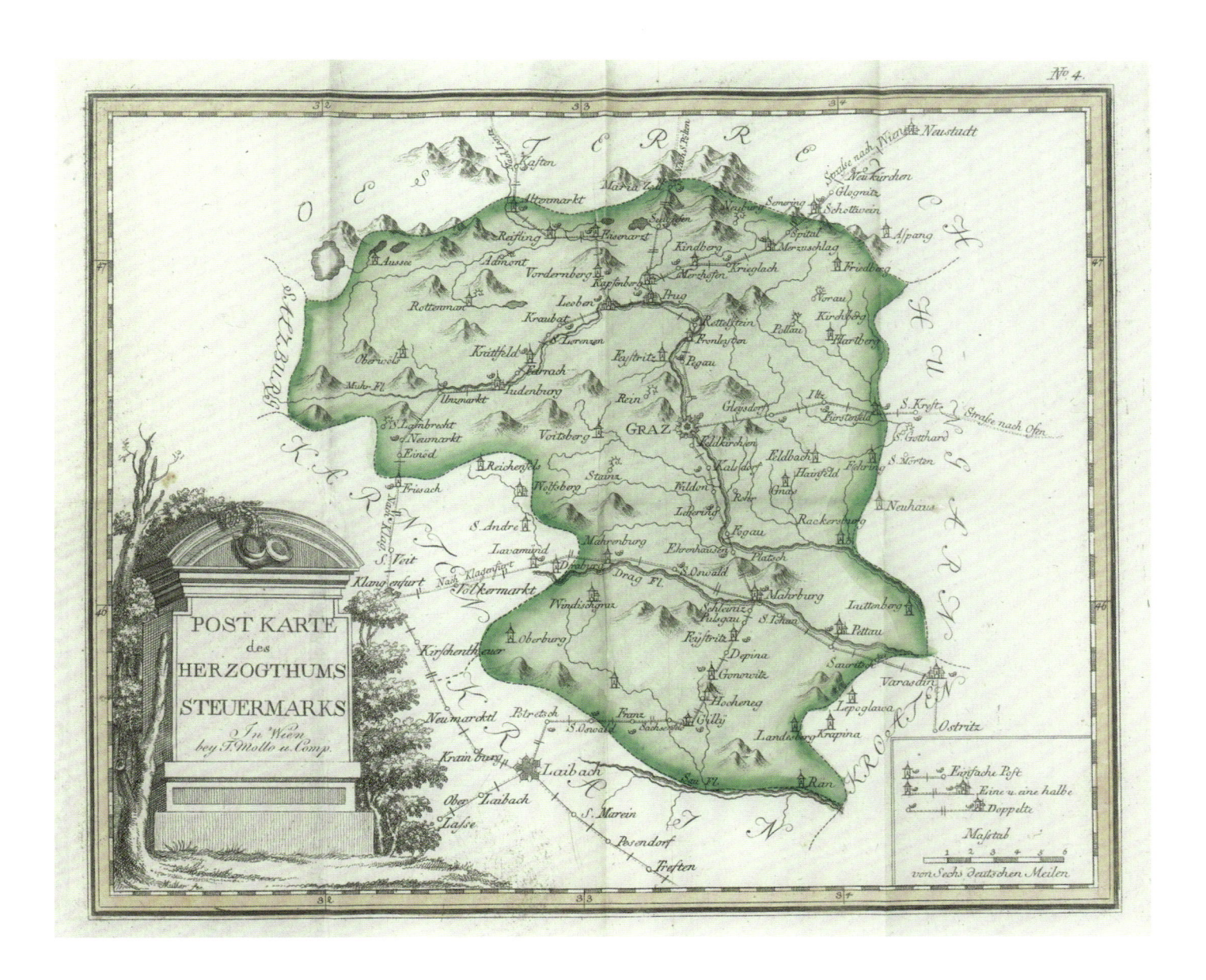

JAKOB A. JECKL

„Post Karte des Herzogthums Steuermarks".
Wien, Tranquillo Mollo, um 1800.

Kupferstich, koloriert, 20 × 24,3 cm

Aus dem kleinen Post-Atlas mit Karten von Jakob A. Jeckl und Franz Müller, erschienen zum ersten Mal 1786. Die Symbole auf der Karte gaben praktische Auskunft über den Verlauf der Straßen, die Ortschaften auf dem Weg, Entfernungen, Poststationen usw.

103

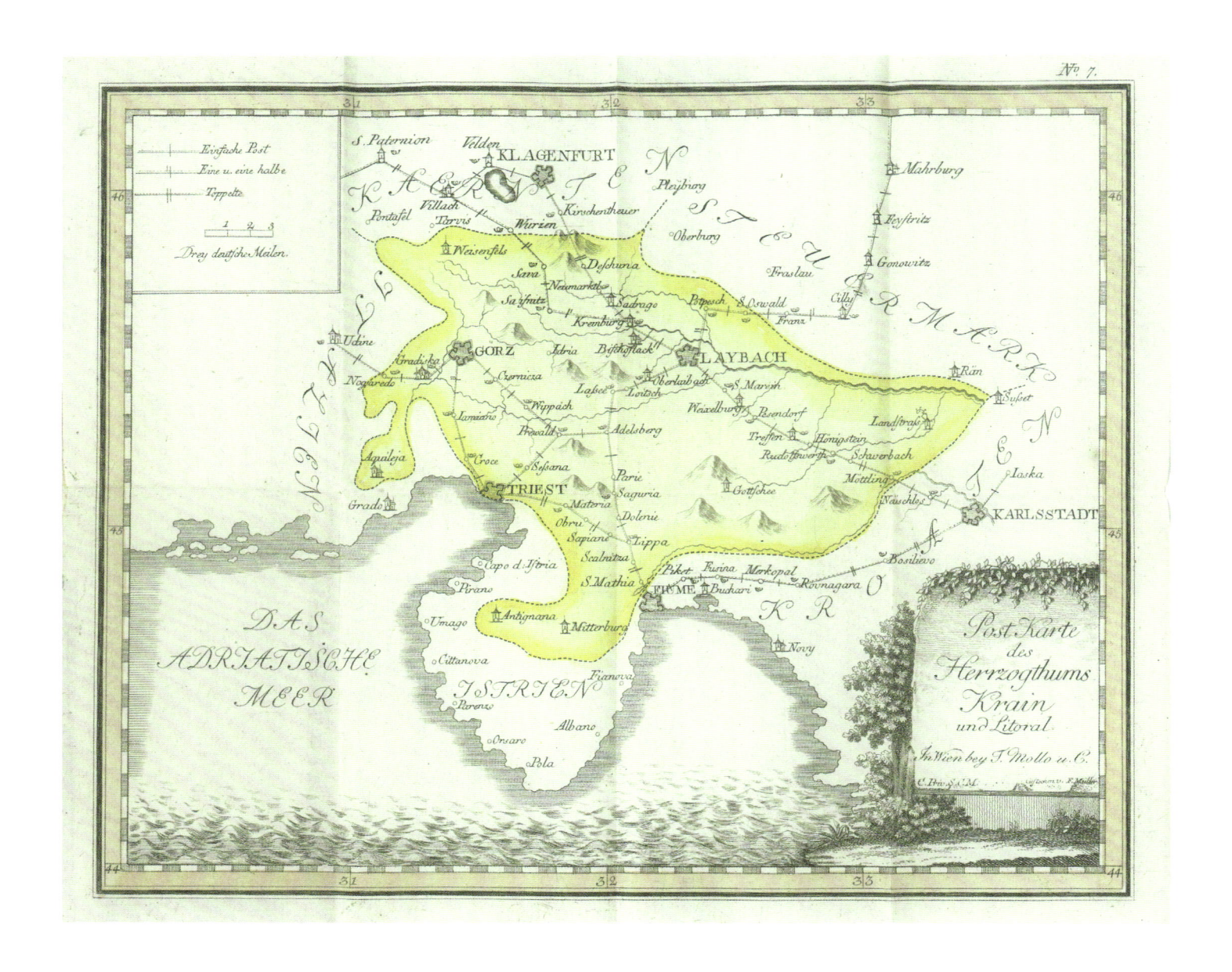

JAKOB A. JECKL

„Post Karte des Herzogthums Krain und Litoral".
Wien, Tranquillo Mollo, um 1800.

Kupferstich, koloriert, 20 × 26 cm

Die Karte der südlichen Nachbarregion von Kärnten aus dem kleinen Atlas von Jakob A. Jeckl und Franz Müller.

104

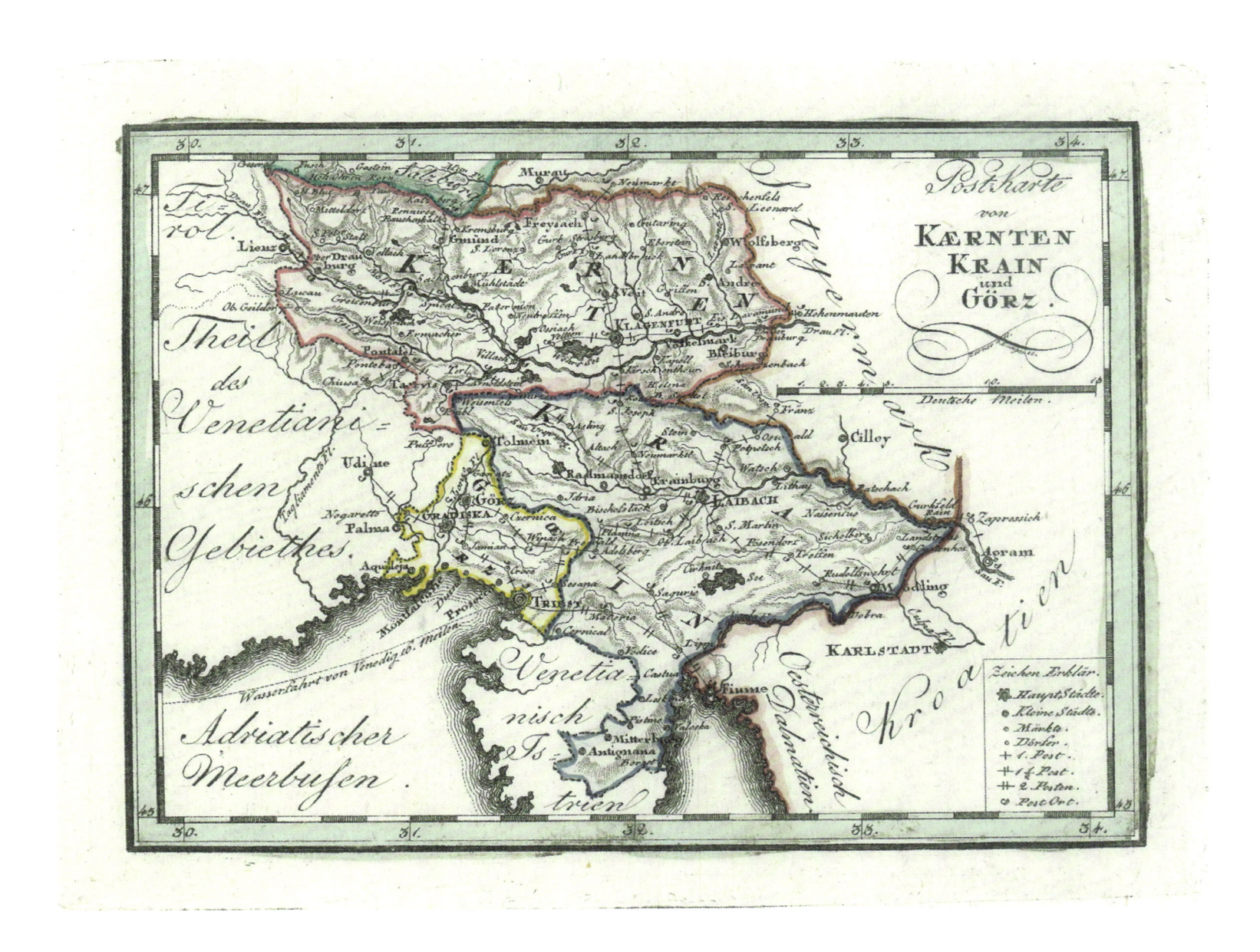

[C. A. ZÜRNER]

„Post Karte von Kärnten, Krain und Görz".
Wien, Artaria, 1807.

Kupferstich, koloriert, 10,5 × 14 cm

Aus dem „Taschen-Atlas des Oesterreichischen Erb-Kaiserthums herausgegeben von einer Gesellschaft", der insgesamt 17 Karten beinhaltet hat. Bei mehreren Blättern werden C. A. Zürner als Zeichner und Sebastian Langer als Stecher angegeben.

Lit.:
Atlantes Austriaci I/1, 9 (Art A, 4)

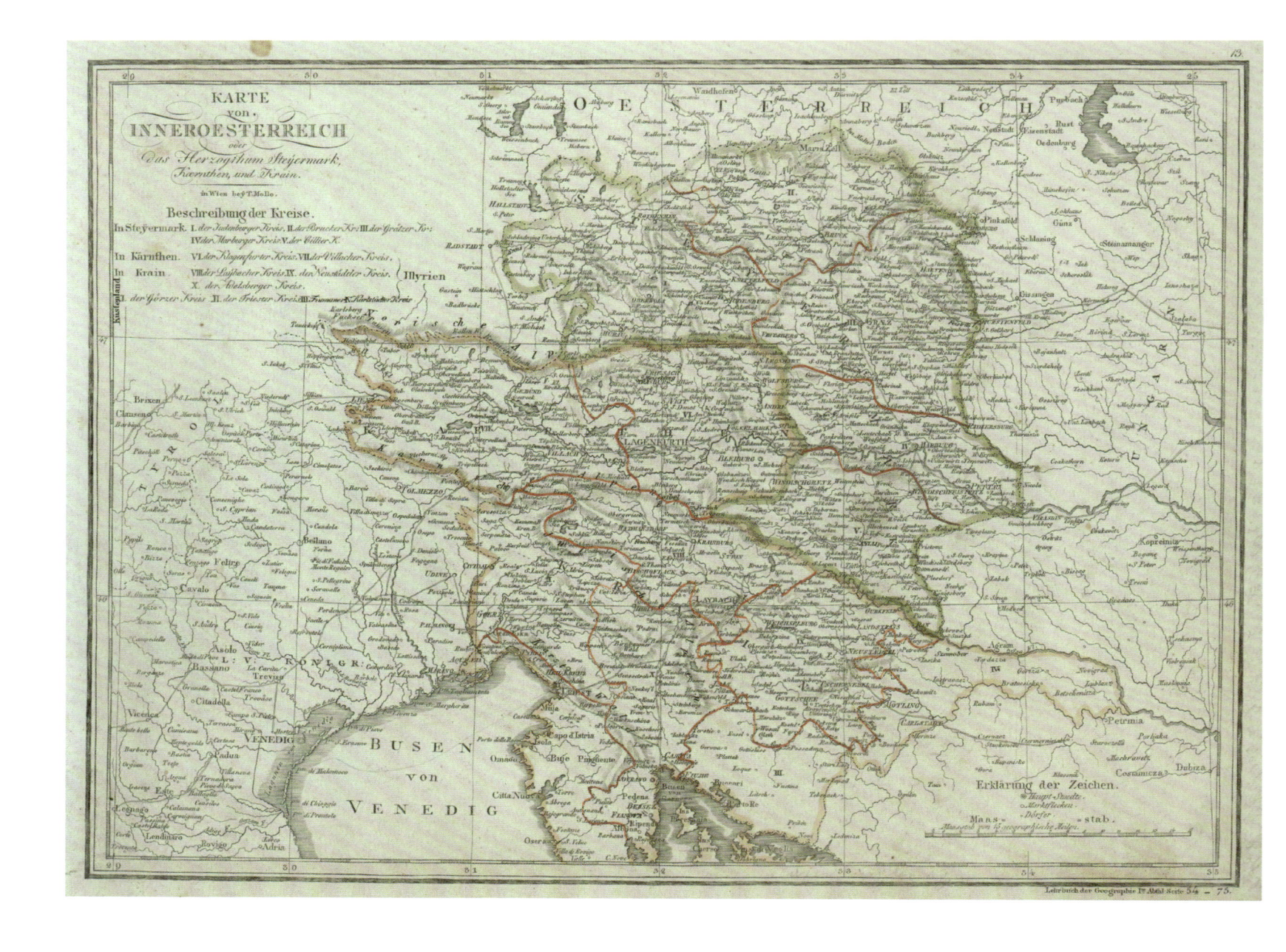

105

JOSEPH DIRWALDT / TRANQUILLO MOLLO

„Karte von Inneroesterreich oder das Herzoghtum Steÿermark, Kaernthen und Krain".
Wien, Tranquillo Mollo, [um 1820].

Kupferstich, koloriert, 33 × 44,5 cm

Aus dem „Allgemeinen Hand-Atlas" von Josef Dirwaldt, herausgegeben von Tranquillo Mollo.
Seine Karten dienten oft als Beilage zu Lehrbüchern der Geographie.

Lit.:
Atlantes Austriaci I/1, 70 (Mol/Dir B, 13)

106

JOSEPH DIRWALDT / TRANQUILLO MOLLO

„Koenigreich Illyrien nach der neuesten Begrenzung, und vorzüglichsten Hülfsmitteln verfast".
Wien, Tranquillo Mollo, [um 1825].

Kupferstich, koloriert, 33 × 44,5 cm

Aus dem „Allgemeinen Hand-Atlas" von Josef Dirwaldt, herausgegeben von Tranquillo Mollo. Die Karten von Mollo gehören zur letzten Generation der Kupferstichkarten, danach ging die Kultur der graphisch anspruchsvollen und gepflegten Kartographie, die mehrere Jahrhunderte gedauert hat, zu Ende. Die Epoche des Kupferstichs bleibt weiterhin im Mittelpunkt des Interesses aller, die an Geschichte und an alten Landkarten Gefallen finden.

Lit.:
Atlantes Austriaci I/1, 70 (Mol/Dir B, 15)

INDEX DER KARTOGRAPHEN UND HERAUSGEBER

	Kat.-Nr.
André, Christian Karl (1763–1831)	73
Baillou, Jean Baptiste de (1684–1758)	76
Berlinghieri, Francesco (1440–1501)	2
Bertius, Petrus (1565–1629)	41–42
Besson, Jean (tätig 1685–1706)	66
Blaeu, Willem Janszoon (1571–1638)	24, 30
Blaeu, Joan (1596–1673)	24, 30
Blaeu, Cornelis (1610–1642)	30
Blum von Kempen, Heinrich Wilhelm (1756–1797)	97–100
Botero, Giovanni (1544–1617)	35
Buckinck (Bucking), Arnold (tätig um 1480)	1
Cantelli, Giacomo (1643–1695)	65
Cassini, Giovanni Maria (1745 – um 1824)	74
Clouet, Jean-Baptiste Louis (1729–1790)	68
Coppo, Pietro (Petrus Coppus, 1469/1470–1555/1556)	10
Covens, Johannes (Jean Covens, 1697–1774)	60
Danckerts, Justus (1635–1701)	62, 63
De Jode, Gerard (1509–1591)	16, 18
De Jode, Cornelis (1568–1600)	17, 19
De Rossi, Giovanni Giacomo (1627–1691)	65
Desprotti, Bartolomeo Luigi (1741–1819)	77
De Wit, Frederik (Frederick de Witt, 1629/30–1706)	59–60
Diewald, Johann Nepomuk (1774 – um 1830)	88
Dirwaldt, Joseph (tätig um 1810–1830)	105–106
Elwe, Jan Barend (tätig um 1770–1815)	87
Fries, Lorenz (um 1490–1531/1532)	5–6
Gastaldi, Jacopo (Giacomo Gastaldi, 1500–1566)	8
Germanus, Nicolaus (Donnus Nicolaus Germanus, um 1420–1490)	1, 3
Granelli, Karl (1671–1739)	50

	Kat.-Nr.
Guetrather, Odilo (Johann Vital von Guetrather, 1655–1731)	79
Hirschvogel, Augustin (1503–1553)	13
Hoffmann, Johann (1629–1698)	44–45
Holzwurm (Holtzwurm), Israel (1575/1580–1617)	46–47
Homann, Johann Baptist (1664–1724)	78–81
Hondius, Jodocus (1563–1612)	37
Hondius, Henricus (Hendrik Hondius d. J., 1597–1651)	21–22
Janssonius, Joannes (1588–1664)	21–23, 25, 27–29, 38
Jäger, Johann Wilhelm (1718–1790)	86
Jaillot, Hubert Alexis (1632–1712)	56–57
Jeckl, Jakob A. (tätig 2. Hälfte 18. Jh.)	101–103
Kaerius, Petrus (Pieter van der Keere, 1570–1630)	39–40
Kindermann, Joseph Karl (1744–1801)	93–96
Langeveld, Dirk Meland (tätig um 1770–1810)	87
Lazius, Wolfgang (Wolfgang Laz, 1514–1565)	10, 16–17, 31–32
Le Rouge, Georges-Louis (1707–1790)	67, 85
Lotter, Tobias Conrad (1717–1777)	83–84
Mariette, Pierre-Jean (1694–1774)	55
Mercator, Gerard(us) (Gheert Cremer, Gerhard Krämer, 1512–1594)	9, 20–30, 37–40
Merian, Matthäus (1593–1650)	48–49
Metellus, Johannes (Jean Matal, 1517–1597)	31–33
Mollo, Tranquillo (1767–1837)	101–103, 105–106
Montecalerio, Joannis à (Mitte 17. Jh. – Anfang 18. Jh.)	71
Mortier, Cornelis (Corneille Mortier, 1699–1783)	60
Müller, Johann Ulrich (1653–1715)	43
Münster, Sebastian (1488–1552)	7
Murray, John (1745–1793)	70
Ortelius, Abraham (1527–1598)	10–15
Ottens, Reiner (1698–1750)	64
Pirckheimer, Willibald (Bilibaldus, Bilibald Pirckheimer, 1470–1530)	5
Pitt, Moses (um 1639–1697)	26
Ptolemäus, Claudius (um 100 – nach 160)	1–9

	Kat.-Nr.
Quad, Matthias (1557 – um 1613)	34
Rabatta, Agostino (tätig um 1780)	76
Reger, Johann (? – nach 1499)	3
Reilly, Franz Johann Joseph von (1766–1820)	89–92
Remondini, Francesco (1773–1820)	75
Robert de Vaugondy, Gilles (1688–1766)	58
Robert de Vaugondy, Didier (1723–1786)	58
Sambucus, Johannes (János Zsámboky, 1532–1584)	14, 15
Sanson d'Abbeville, Nicolas (1600–1667)	55–58
Schenk, Peter (1660–1711)	61
Scherer, Heinrich (1628–1704)	53–54
Schreiber, Johann Georg (1676–1750)	69
Schweynheym, Conrad (Konrad Sweynheym, ?–1476)	1
Servetus, Michael (Miguel Serveto, Michel Servet, 1509/1511–1553)	6
Setznagel (Secznagel), Markus (1520–1580)	11–12, 19, 34
Seutter, Matthäus (1678–1757)	82
Sylvanus, Bernardus (Bernardo Silvano, um 1465–?)	4
Tassin, Christophe (um 1600–1660)	36
Valck, Gerard (1652–1726)	61
Valvasor, Johann Weichard (1641–1693)	49
Vischer, Georg Matthäus (1628–1696)	80
Waldseemüller, Martin (1472/1475–1520)	5–6
Weigel, Johann Christoph (1661–1726)	52
Zatta, Antonio (1757–1797)	72
Zauchenberg, Johann Baptist (tätig um 1718)	51
Zürner, C. A. (tätig um 1800)	104

LITERATURVERZEICHNIS

Bagrow, Leo: Geschichte der Kartographie. Berlin, 1951.

Carhart, George S.: Frederick de Wit and the First Concise Reference Atlas. Leiden, 2016.

Danku, Gyuri/Zoltan Sümeghy: The Danckerts Atlas – The Production and Chronology of Its Maps. In: Imago Mundi 59 (2007).

Dörflinger, Johannes: Die österreichische Kartographie im 18. und zu Beginn des 19. Jahrhunderts. Wien, 1984–1988.

Dörflinger, Johannes/Robert Wagner/Franz Wawrik: Descriptio Austriae. Österreich und seine Nachbarn im Kartenbild von der Spätantike bis ins 19. Jahrhundert. Wien, 1977.

Höck, Josef/Wilhelm Leitner: Kärnten in alten Landkarten bis 1809. Ausstellung anlässlich der 100-Jahr-Feier des Landesmuseums für Kärnten. Klagenfurt, 1984.

Koeman, Cornelis: Atlantes Neerlandici. Amsterdam, 1967–1985.

Kretschmer, Ingrid/Johannes Dörflinger/Franz Wawrik (Hrsg.): Lexikon zur Geschichte der Kartographie von den Anfängen bis zum Ersten Weltkrieg. Wien, 1986.

Kretschmer, Ingrid/Johannes Dörflinger (Hrsg.): Atlantes Austriaci. Kommentierter Katalog der österreichischen Atlanten von 1561 bis 1994. Wien, 1995.

Meurer, Peter H.: Atlantes Colonienses. Die Kölner Schule der Atlaskartographie 1570–1610. Bad Neustadt a.d. Saale, 1988.

Meurer, Peter H.: Die wieder aufgefundene Originalausgabe der Kärnten-Karte von Israel Holzwurm, Straßburg, 1612. In: Cartographica Helvetica 34 (2006).

Nebehay, Ingo/Robert Wagner: Bibliographie altösterreichischer Ansichtenwerke aus fünf Jahrhunderten. Graz, 1981–1991.

O'Donoghue, Freeman: Catalogue of the Collection of Playing Cards Bequeathed to the Trustees of the British Museum by the late Lady Charlotte Schreiber. London, 1901.

Ptolemäus, Claudius: Cosmographia. Das Weltbild der Antike. Vorwort von Lelio Pagani. Stuttgart, 1990.

Ritter, Michael: Seutter, Probst and Lotter. An Eighteenth-Century Map Publishing House in Germany. In: Imago Mundi 53 (2001).

Ritter, Michael: Die Karten und Atlanten des Augsburger Kunstverlegers Johann Andreas Pfeffel 1674–1748. In: Cartographica Helvetica 48 (2013).

Ritter, Michael: Die Welt aus Augsburg. Landkarten von Tobias Conrad Lotter (1717–1777) und seinen Nachfolgern. Augsburg, 2014.

Sandler, Christian: Johann Baptista Homann, die Homännischen Erben, Matthäus Seutter und ihre Landkarten. Amsterdam, 1979.

Schaup, Wilhelm: Salzburg auf alten Landkarten 1551–1886/87. Salzburg, 2000.

Schuler, J. E. (Hrsg.): Der älteste Reiseatlas der Welt. Vorwort von A. Fauser und T. Seifert. Stuttgart, 1965.

Sponberg Pedley, Mary: Bel et utile. The Work of the Robert de Vaugondy Family of Mapmakers. Tring/Hertfordshire, 1992.

Tooley, Ronald: Tooley's Dictionary of Mapmakers. Riverside/CT, 1999–2001.

Van den Broecke, Marcel: Ortelius Atlas Maps. An Illustrated Guide. 't Goy-Houten, 1996.

Van der Krogt, Peter: Koeman's Atlantes Neerlandici. 't Goy-Houten, 1997–2010.

Wawrik, Franz/Elisabeth Zeilinger (Hrsg.): Austria picta. Österreich auf alten Karten und Ansichten. Ausstellung der Kartensammlung der Österreichischen Nationalbibliothek. Graz, 1989.

Wutte, Martin: Kärnten im Kartenbilde der Zeiten. Klagenfurt, 1931.

DIE AUTOREN DER BEITRÄGE

Gerhard Lerchbaumer, Mag. rer. soc. oec., geboren 1948 in Wolfsberg, Kärnten; Volksschule und Gymnasium in Spittal an der Drau; Studium der Volkswirtschaft an der Universität Wien; Bundesministerium für Finanzen; von Juni 1991 bis zur Pensionierung Ende 2016 Vertreter des Bundesministers für Finanzen bei der EU in Brüssel als Leiter der Abteilung für Finanz- und Währungsangelegenheiten an der Ständigen Vertretung Österreichs; lebt in Spittal an der Drau.

Schon seit der Schulzeit besonderes Interesse für Geographie und damit auch für Atlanten und Landkarten; Aufbau der Sammlung durch enge Kontakte zu Antiquariaten und Besuche von Antiquariatsmessen vor allem in den Niederlanden, Frankreich, Deutschland und Belgien.

Jan Mokre, Mag. phil., Kartenhistoriker und Bibliothekar, geboren 1961 in Berlin, lebt seit 1984 in Wien. 1984 bis 1990 Studium der Neuen Geschichte an der Universität Wien. Spezialisierung auf Kartographiegeschichte, Entdeckungsgeschichte und Geschichte außereuropäischer Völker. Seit 1990 wissenschaftlicher Mitarbeiter und seit 2002 Direktor der Kartensammlung und des Globenmuseums der Österreichischen Nationalbibliothek. Verfasser von drei Monographien sowie zahlreichen Aufsätzen und Rezensionen zur Karten- und Globengeschichte. Herausgeber und Mitherausgeber mehrerer Ausstellungskataloge und Begleitbände, Kurator und Co-Kurator mehrerer Ausstellungen, Generalsekretär der Internationalen Coronelli-Gesellschaft für Globenkunde.

Wilhelm Deuer, Dr. phil., Master of advanced studies (MAS, Geschichtsforschung und Archivwissenschaft). Geboren 1956 in Judenburg (Steiermark), nach der Matura 1974 zunächst Beginn des Studiums der Architektur an der Technischen Hochschule, dann der Kunstgeschichte, Geschichte und Volkskunde an der Universität Wien, Promotion 1982, Mitglied des Instituts für österreichische Geschichtsforschung. 1983 bis 2017 wissenschaftlicher Mitarbeiter am Kärntner Landesarchiv in Klagenfurt, seit 2001 als stellvertretender Direktor. Zahlreiche Publikationen zur Geschichte und Kunstgeschichte Kärntens und der Steiermark sowie insbesondere zur Landessymbolik und Gemeindeheraldik, dazu Lehraufträge an verschiedensten Kärntner Bildungseinrichtungen.

Vladimir Drazic, Mag. phil., geboren 1949 in Belgrad, Studium der Vergleichenden Literaturwissenschaft in Zagreb, Innsbruck und Klagenfurt. Von 1979 bis 1983 im Buchantiquariat der Kraus-Thomson Org. Ltd. in Nendeln, Liechtenstein tätig. Seit 1984 im Kärntner Antiquariat/Galerie Magnet in Völkermarkt, Klagenfurt und Wien, zuständig für alte Bücher und Graphik betreffend Kärnten und die benachbarte Region.

Finanzierung durch die Buchgesellschaft Hanno und Irmi Soravia GesnbR, Thomas-Klestil-Platz, 1030 Wien

Mit Unterstützung von

LAND KÄRNTEN
Kultur